Enseñando
la palabra de
Verdad

Por

Donald Grey Barnhouse

Tampa, Florida
www.editorialdoulos.com

Editorial Doulos
1008 E. Hillsborough Ave
Tampa, Florida 33604
www.editorialdoulos.com
editor@editorialdoulos.com

CONTENIDO

sencia del pecado.

INTRODUCCION

Puede decirse que este libro no fue escrito, sino que creció. En el año 1927 llegué al Pastorado de la Décima Iglesia Presbiteriana de Filadelfia, la cual ha sido desde entonces el centro de actividades de mi vida. Hallé que los métodos tradicionales de la Escuela Dominical eran inadecuados para enseñar las grandes doctrinas de la Escritura. Dos mujeres consagradas, la Sra. Ruth Tiffany de Barnhouse y la Srita. Elizabeth Haven (ahora Sra. Elizabeth Haven de Lathrop), entresacaron historias de mis sermones, simplificaron los bosquejos doctrinales que yo usaba en clases bíblicas, y con este material arreglaron un nuevo curso de estudios para los diferentes departamentos de nuestra Escuela Dominical. La Sra. de Barnhouse hizo todos los dibujos para este trabajo. Celebramos consultas con los maestros de la Escuela Dominical, y revisamos el material de acuerdo con sus consejos, hasta que por fin el libro quedó moldeado o martillado sobre el yunque de la experiencia.

A lo largo de los años, el Señor ha bendecido Enseñando la Palabra de Verdad más allá de lo que cualquiera de los relacionados con el trabajo hubiera soñado. Millares de ejemplares del libro han sido vendidos en los EE. UU., y se han publicado ediciones especiales en la Gran Bretaña. Ha sido traducido al alemán, árabe, asamés, coreano, francés, griego, japonés, swahili congolés, y tres idiomas de la India; hindi, manipuri y marathi.

Desde que se imprimió por primera vez, hemos oído centenares de relatos de personas que han llegado a conocer a Cristo mediante el estudio del libro - !aun de maestros que lo estaban usando como libro de texto! No podemos saber cuántas multitudes de jóvenes cristianos (!de toda edad!) han aprendido de estas sencillas páginas las doctrinas básicas del cristianismo. Sin duda alguna, esto ilustra la verdad divina de I Corintios 1:28, 29: "Lo vil del mundo y lo que no es, para deshacer lo que es, a fin de que nadie se jacte en su presencia".

En todos mis libros, la página dedicatoria ostenta un breve texto en griego. Tantas personas me han preguntado su significado, que aquí doy su traducción: "Al que nos amó, y nos lavó de nuestros pecados con su sangre" (Apoc. 1:5b).

D. G. B.

Indicaciones para el Maestro

Una de las labores más importantes del cristiano es la enseñanza de los niños. Sin embargo, estamos convencidos que a menudo el enfoque de la enseñanza ha sido en cosas secundarias mientras que las cosas primarias se ignoran. ¿De qué le sirve al niño conocer la distancia entre Jerusalén y Nazaret si desconoce la distancia que separa el corazón humano de Dios? ¿Cómo le ayuda conocer la geografía de los viajes misioneros de Pablo o los recorridos de Israel por el desierto si no ha conocido antes la dirección que ha de tomar su corazón vagabundo para llegar al Salvador?

El maestro deberá cobrar conciencia en cada momento de la necesidad de cada niño de conocer a Jesucristo como Señor y Salvador.

El primer paso es hacer que la verdad se les comunique de forma natural. No hay que hablarles a los niños como "santurrones" sino como hombres y mujeres quienes recorremos cada día los caminos hacia la santidad. Los niños deberán sentir la misma libertad de hablar de su Señor que sienten de hablar de sus padres. Entre más se puede ilustrar la verdad en los contextos vividos de los niños – en la escuela, con sus amiguitos y en sus hogares – más prácticos serán las lecciones.

Cada lección deberá comenzar con una oración. Los niños también pueden orar. Cuando el niño ora espontáneamente "Padre bendícenos mientras estudiamos tu Palabra y enséñenos a conocerte a ti" usted sabrá que las lecciones están formando las vidas de los pequeños. En grupos pequeños los niños aprenden a orar en voz alta sin intimidación.

Cada niño deberá tener un cuaderno y deberá dibujar por sí mismo la ilustración. Esto tomará tan solo unos minutos al final de la lección pero ayudará a consolidar el conocimiento de las verdades enseñadas. Los niños no tienen que ser artistas para dibujar las ilustraciones. Se han empleado las "figuras de palitos" con el fin de mantener la sencillez de la ilustración. Pero hemos visto que pequeños de hasta cinco años de edad han infundido los dibujos con su propia creatividad. El maestro deberá insistir en un dibujo bien hecho. Dicen los chinos que hacen bien su trabajo porque los dioses lo ven. Si esto dicen los paganos, cuanto más nosotros. Es una gran lección aprender que todas las cosas pueden hacerse "como para el Señor."

Es necesario infundir un sentido de compañerismo entre los alumnos. Actividades divertidas ayudan a este fin y el maestro no ha de dejar de reírse de sí mismo de vez en cuando. Entre más humano sea el maestro, mayor será su influencia sobre los niños.

Es importantísimo que el maestro prepare cada lección con esmero. Cada versículo debe de estudiarse a fondo. Se le recomienda al maestro usar distintas traducciones de la Biblia. Se recomienda, además, consultar una buena Biblia de Estudio para ampliar el conocimiento de los pasajes bíblicos.

La mejor dinámica en el salón de clase suele ser dejar que los pequeños hagan preguntas primero y luego entrar en explicaciones. Esto despierta el interés en aquellas cosas que no entienden y evita la monotonía en la enseñanza.

Permita que los estudiantes expliquen en sus propias palabras el significado de los pasajes bíblicos. Muchos cristianos adultos leen la Biblia pensando que no la pueden aprender. Entrenar a los niños a entender por sí solos el texto es el mejor antídoto a la lectura ineficaz de la Palabra cuando sean adultos.

Contar no es enseñar. Es menester descubrir lo que los estudiantes no saben antes de enseñarles. Una vez que se sabe lo que ellos no saben, se puede suplir la información faltante y luego confirmar que la información se haya asimilado.

Intente evitar frases fijas en sus clases. Si no se sabe hablar de las cosas del Señor en palabras cotidianas no se puede lograr el nivel de entendimiento que se espera. Adornar el vocabulario con elementos abstractos comúnmente sirve para alejar la gente de la verdad en vez de aproximarlos a ella.

Cada niño ha de tener su propia Biblia en la que puede subrayar y tomar notas. No hay Biblia que sea tan santa que no se puede marcar. Infeliz es el cristiano cuya Biblia permanezca sin marca alguna después de 20 años en la fe. Los niños deberían subrayar en sus Biblias los pasajes más importantes de cada lección. A veces se acostumbra el uso de distintos colores para subrayar pasajes según su tema. El rojo se usa para versículos que tratan de la salvación; el negro para los que tratan del pecado; el azul para los que tratan de la iglesia; el morado para los que tratan de la segunda venida y el amarillo para los versículos que nos dan promesas doradas. Este es tan solo un sistema. El maestro creativo seguramente desarrollará otros. Por ejemplo, se puede poner el número 3 al lado de todos los versículos que hablan de la doctrina de la Trinidad o se puede dibujar una cruz al lado de los que hablen de la expiación.

Si hay un niño especialmente dotado que insiste en responder todas las preguntas, se deberá ganar su confianza. Puede decirle de forma discreta que quiere que le ayude a enseñar. Ha de observar sus ojos y solamente contestar cuando el maestro lo mire. De esa forma, los demás estudiantes tendrán la oportunidad de contestar.

No hay que adoptar una postura condescendiente ante los niños, sino más bien hay que ponerse a su nivel. A los niños les pesa escuchar hablar de sus "pequeños corazones." Tampoco les gusta cuando se intenta describir como son los niños. Trate a los niños como si fuera uno de ellos.

Si se da una respuesta incorrecta, en vez de decir "no" y dar la respuesta correcta, intente reformular la pregunta de otra manera. Tal vez la forma en que usted hizo la pregunta no resultó clara. Si la respuesta es equivocada, intente dar algún crédito. Casi siempre hay al menos una porción de la respuesta que sea correcta. Afirme esa parte y luego destaque el resto de la respuesta. Jamás se deberá burlar de los fallos de los estudiantes. Si se hace, la clase ya no querrá hablar.

A los niños les encanta la repetición. El principio bíblico es: "porque mandamiento tras mandamiento, mandato sobre mandato, renglón tras renglón, línea sobre línea, un poquito allí otro poquito allá"

(Isaías 28:10). Así encontrará que hay muchas referencias en lecciones avanzadas que se relacionan con lecciones tempranas.

En cualquier momento que se refiere a un pasaje bíblico, permite que los niños lo busquen en sus Biblias. Esto cumplirá el doble propósito de desarrollar su familiaridad con la Palabra y de recordar siempre su autoridad. Que la Biblia siempre sea la autoridad suprema. Ni este libro ni su propia opinión deberán usurpar la autoridad de la Biblia. En cada momento que sea posible, deberá decir: "veamos lo que la Biblia dice sobre ese tema."

Las historias moran en los detalles. Donde sea posible, tome las historias que hemos dado e intente expandirlas. Ponles detalles que les dará vuelo en la imaginación de los pequeños.

Cabe decir que algunas de nuestras lecciones están incompletas. No hemos abordado exhaustivamente todas las referencias bíblicas y teológicas en los temas tratados. Hemos intentado solamente proveer el trasfondo elemental sobre el cual el Espíritu Santo puede edificar a los niños y forjarles en su vida espiritual.

JUEGOS PARA JUGAR CON LOS NIÑOS

Estos juegos se pueden usar durante los ejercicios preliminares, o después de la lección si sobra algún tiempo.

JUEGO no. 1. BUSCAR VERSICULOS

REGLAS:

1. Tengan todas las Biblias cerradas, y completo silencio.
2. Anuncie un versículo de la lista que lleva previamente preparada.
3. Diga a los niños que no se levanten antes de encontrar el versículo, y que empiecen a leerla en el momento mismo en que se pongan de pie. Esto evitará la dificultad de que algunos niños se paren sin estar listos o sin haber encontrado el versículo.
4. Cuando alguno termina de leer un versículo, anuncia inmediatamente: "Cierren todas las Biblias". Dé una ojeada rápida para ver que estén cerradas, y luego anuncie el próximo versículo. El seguir estas sencillas reglas hará que el juego se desarrolle con eficiencia y rapidez.
5. El niño que encuentre primero cinco versículos es el que gana.
6. Para animar a los que van más despacio, anuncie que los cinco versículos siguientes los podrán leer únicamente los que no hayan leído de primero en ninguna de las pruebas anteriores. Luego anuncie los cinco versículos. Permita que los otros también los busquen, pero que no los lean.
7. Para variar el juego, se puede circunscribir sólo al Nuevo Testamento, sólo al Antiguo, o a un libro en particular como los Salmos o los Proverbios.

JUEGO no. 2. CADENA DE NOMBRES

REGLAS:

1. El maestro comienza, o escoge un niño que lo haga, diciendo un nombre propio que se encuentra en la Biblia, p. ej., el nombre de una persona, de un río, de una montaña o de una ciudad. El niño que sigue debe decir un nombre que comience con la última letra del nombre que se acaba de decir. Por ejemplo, si se ha mencionado el nombre de Juan, el próximo nombre debe comenzar con N; si se da el nombre de Natanael,

el próximo nombre debe comenzar con L, etc.

2. Dé cuando menos medio minuto para que piense cada niño, antes que la pregunta pase al que le sigue. Si se dispone de un cronómetro, tanto mejor. No se debe permitir que los niños hablen o "soplen" en voz baja, antes de su turno. Dígales que guarden todo lo que se les ocurra para su próximo turno.

3. El niño que ha fallado tres veces queda "fuera". Sin embargo, puede contestar cuando algún otro no pueda pensar en un nombre que comience con la letra que le corresponde. Siendo que ningún nombre se puede repetir, el juego llega pronto a su fin. Si el juego se interrumpe porque ninguno puede continuar, se empieza de nuevo con otro nombre propuesto por la persona que sigue a la primera que falló.

JUEGO No. 3. EL AHORCADO

REGLAS:

El maestro piensa en un versículo de la Biblia, y traza en la pizarra o en una hoja de papel (si la clase está sentada alrededor de una mesa), una rayita por cada letra del versículo, indicando la separación entre las palabras. Por ejemplo: "Todo lo puedo en Cristo que me fortalece" en Filipenses 4:13, se indicaría sí: "——— —— ————— —— ——————— ——— —— ——————————" (—————————— —:—).

Tan pronto como estén trazadas las líneas en el pizarrón, los niños pueden empezar a sugerir letras. Dígales que levanten la mano y entonces escoja a uno para que conteste. Si da la letra "A", ponga una "A" en cada lugar donde se necesite. Si alguno menciona la "B" que no se encuentra en este versículo, hay que poner esa letra en la horca. Por cada letra equivocada se va dibujando una parte del ahorcado hasta completar la figura.

Si el maestro prefiere no usar la horca, ponga las letras equivocadas en el "basurero", en el "cementerio" o algo por el estilo.

El niño que primero adivine el versículo con su cita (para la cual deben sugerir cifras), gana el juego, y puede proponer el versículo para el próximo.

JUEGO No. 4. EL ESCONDITE

REGLAS:

El maestro escoge un versículo de cualquier parte de la Biblia. Si escoge Filipenses 4:19, por ejemplo, dice a la clase: "Estoy escondido en el libro de Filipenses; ¿quién me encuentra? Los niños abren sus Biblias en el libro de Filipenses. Cuando alguno crea que ya sabe dónde está Ud. escondido, levanta la mano. Cuando Ud. le diga: "Vamos a ver, Juanito", el niño lee el versículo que ha escogido, así: "Ud. está escondido en Filipenses 1:21: "Porque para mí el vivir es Cristo, y el morir es ganancia". Como no se trata de este versículo, se le contesta: "No, no estoy escondido en Filipenses 1:21". Los niños continúan de la misma manera hasta que alguno dice: "Ud. está escondido en Filipenses 4:19". Entonces se les dice: "Sí, estoy escondido en Filipenses 4:19. Repitámoslo todos juntos". Entonces todos dicen en coro: "Mi Dios, pues, suplirá todo lo que os falta conforme a sus riquezas en gloria en Cristo Jesús. Filipenses 4:19". No descuide estas constantes repeticiones, porque la repetición de cada versículo y su cita tiene su efecto en la mente subconsciente de los oyentes.

Pueden repasarse de esta manera los versículos más conocidos de toda la Biblia, de todo el nuevo Testamento, o de un solo libro.

JUEGO No. 5. LA TRAMPA

REGLAS:

1. Use este juego con los niños más grandes, que ya han aprendido bastantes versículos. Déles la referencia de algunos de los versículos que han aprendido, y dígales que citen el versículo. También se puede jugar con los más pequeños, limitándose a los pocos versículos que saben. Para variar el juego, otras veces se puede decir el versículo y pedir a los niños que den la cita. Con reloj en mano, se pone un límite de un minuto, o aun menos, al niño que debe contestar.

2. Haga que los niños se paren en fila. Haga la primera pregunta al primero. Si él no puede contestar, la pregunta pasa al que sigue, y así sucesivamente, hasta que alguno la contesta.

El niño que contesta avanza a ocupar el lugar del primero que no pudo. No se debe permitir que los niños hablen en voz baja o "soplen". Si Ud. ve que lo están haciendo, cambie el versículo. Enseñe a los niños a que sean honrados, y exija que "vivan" lo que están aprendiendo. Esto se debe hacer con suavidad y buen modo, para que no se ofenda ni el más sensible. Al terminar el juego, numere a los niños empezando desde la cola hasta la cabeza. Si el juego se repite, se empieza por la cola. Los nuevos que vayan entrando, siempre se van a la cola.

3. Este juego se puede usar como ejercicio de deletreo usando nombres propios.

CURSO UNO

El Pecado

Lo que es

La idea general del pecado — "grandes" pecados.
1. La norma de comparación — la santidad de Dios — Sal. 145:17; Hab. 1:13;
2. Lo que es el pecado — Mat. 5:8 con Heb. 12:14; I Juan 3:4; I Juan 5:17; Rom. 14:23; Sant. 2:10.
3. Todos somos pecadores — Rom. 3:23; 3:9; 3:12; 3:19; Jer. 17:9-10.
Ilustraciones para la lección objetiva: Un pañuelo ligeramente amarillento y uno blanco.

Las misiones de rescate (1) son lugares muy interesantes. Allí se ven hombres y mujeres vestidos de harapos; algunos ebrios, otros con la cara llena de cicatrices, y algunos que no pueden ni andar. Lo que les da esa apariencia tan terrible es el pecado. Se han hundido profundamente en el pecado, y el pecado ha dejado en ellos sus huellas. Basta una sola mirada para saber que son pecadores. Hay otras gentes que no dan la impresión de ser pecadoras; bellas y gentiles damas, hombres corteses y generosos que parecen caballeros a carta cabal, y que no parecen ser pecadores como los demás; pero eso es porque los miramos únicamente por fuera. Nosotros no podemos ver sus corazones. Sólo Dios puede ver los corazones, y él nos ha dicho en su Palabra algunos secretos acerca de la gente, que nosotros no adivinaríamos al mirarlas sólo por fuera.

Aquí tenemos un pañuelo (enseñando el pañuelo amarillento). ¿De qué color es? ¿Les parece que es blanco? Miren ahora este otro pañuelo (el blanco). El primero ya no se ve tan blanco, ¿verdad? Es porque ahora están mirando ustedes el más blanco, y junto al otro parece de amarillo sucio. Así pasa con el pecado. A veces hablamos de pecados pequeños y pecados grandes. Hay quienes hablan de "mentirillas inofensivas". Esto sucede porque no se dan cuenta de la santidad de Dios.

¿Qué es la santidad? Es la perfección absoluta; es hallarse completamente libre de pecado o de culpa alguna. Dios es perfecto. El es santo. Busquemos en nuestras Biblias el Salmo 145:17 para ver lo que Dios dice de sí mismo. El dice que es justo en todos sus caminos y misericordioso (en el inglés dice "santo") en todas sus obras. El nunca ha hecho nada ni pensado nada que sea malo en lo más mínimo. Veamos otro versículo en Habacuc 1:13. Aquí dice que Dios no puede ver el agravio, o sea el pecado. Es tan puro que cuando ve el pecado tiene que volver el rostro. Cuando pensamos en una santidad así, todas nuestras bondades se empiezan a

(1) Se da este nombre a los centros de predicación que se establecen en algunas ciudades importantes, con el fin de atraer a la gente más vil y pecadora — borrachos, mujeres malas, etc. Casi siempre se les ofrece posada y comida como atractivo. Nota del traductor.

ver como el pañuelo sucio cuando lo comparamos con el blanco.

Para Dios, todo lo que no sea absolutamente perfecto, es pecado. Aquí tenemos algunos versículos que nos dicen lo que es el pecado delante de Dios. (Busque los versículos que se dan bajo el número 2, al principio de esta lección, y discútalos con la clase). El pecado es la transgresión de la ley. La ley de Dios es como un metro; cuando medimos con ella las cosas que hacemos, vemos cuán lejos están de ser perfectas. Pensemos, por ejemplo, en el mandamiento que se llama el grande mandamiento de la ley. Se encuentra en Mat. 22:36-39. No hay nadie que lo haya cumplido a perfección, ni siquiera por una hora. Así, pues, vemos que todos hemos dejado de cumplir la ley y, por lo tanto, todos hemos pecado. De hecho, habiendo traspasado el primero y grande mandamiento, somos primeros entre los "grandes pecadores".

Ud. no puede mirar el corazón mío para saber si soy pecador o no, ni yo puedo ver el suyo, pero la Palabra de Dios nos dice que lo somos. Yo sé que Ud. es pecador, y Ud. sabe que yo lo soy también. Veamos estos versículos (bajo el número 3). Dios dice que todos somos pecadores. Esa es la razón por qué Cristo murió por nosotros.

PARA EL CUADERNO DE NOTAS: Explique a los niños mientras están dibujando, que algunas personas son mejores que otras cuando se les juzga según las normas humanas, pero que delante de Dios todos han pecado y, por lo tanto, están bajo condenación.

"Sed, pues, vosotros perfectos."

LA MEDIDA DIVINA

El Señor Jesucristo — 98% — los hombres — 90% — los hombres — 80% — los hombres — 70% — los hombres

TODOS pecaron, y están destituidos de la gloria de Dios Rom. 3:23.

Tiene de qué gloriarse, pero no para con Dios. Rom. 4:2.

El Pecado

Sus efectos

Siempre busque los versículos en la Biblia para familiarizarse con ella y para reconocer su autoridad.

Toda causa tiene efecto definido. Si uno pone la mano en el fuego, se quema.

1. El origen del pecado y sus efectos sobre la tierra --- Isa. 14:12-15; Eze. 28:12-19; Gén. 1:2.
2. Sus efectos sobre las vidas de los hombres --- Eze. 18:4; Sant. 1:15; Juan 3:20b; Ef. 2:5; Rom. 6:23.

Hay algunas cosas que nunca dejan de suceder. Si uno acerca el dedo a una llama, se quema. Esta es una ley de la naturaleza que nunca deja de cumplirse. Si Ud. se ha quemado alguna vez, ya sabe lo cuidadoso que habrá de ser después para alejarse del fuego. Ha aprendido una lección.

De la misma manera, hay algunas cosas que nunca dejan de suceder en la obra de Dios. Así como el fuego quema, el pecado también tiene sus resultados. Veamos cuáles son esos resultados, y si podemos aprender la lección tan bien como cuando nos quemamos.

Algunas personas se preguntan: "¿Creó Dios a Satanás?" "¿Cómo podría Dios haber creado un ser tan malo como él?" La Palabra de Dios nos muestra claramente que Dios no creó el pecado ni a Satanás. El creó a un ángel hermoso, grande en poder y belleza, cuyo nombre era Lucifer. Este ángel gobernaba el universo para Dios. Por mucho tiempo ese ángel fue perfecto en todos sus caminos. En Eze. 28:12-15 se nos describe su belleza. Pero después sucedió una cosa muy terrible, y Dios nos la cuenta en Isaías 14:12-15. Lucifer dejó de admirar a Dios y de pensar en él, y en lugar de eso empezó a mirarse a sí mismo y a pensar en sí mismo. Se dijo, "¿Por qué han de ser todas las alabanzas para Dios? ¡Ved cuán hermoso soy yo! ¡Ved el gran poder que tengo! Voy a subir al cielo. Exaltaré mi trono por encima de las estrellas de Dios, y seré como el Altísimo". Este fue el primer pecado que se cometió, porque esto sucedió mucho antes de que Dios creara al hombre. Fue pecado de orgullo, y a causa de eso Lucifer fue derribado, perdió su poder, o a lo menos gran parte de él, y el lugar elevado que ocupaba cerca de Dios. Perdió aquel nombre tan hermoso que significaba "portador de luz" y se cambió en el diablo.

Como Ud. ve, el pecado siempre es castigado por Dios. Cuando Lucifer pecó, Dios no podía dejar las cosas como estaban antes, sino tuvo que separar a Lucifer de su lado. Eso es lo que hace siempre el pecado --- nos separa de Dios. Otro resultado del pecado de Satanás se menciona en Gén. 1:2 --- "Y la tierra estaba desordenada y vacía". Sabemos que Dios no la creó así. El la hizo perfecta, pero cuando Satanás, el que la gobernaba para Dios, pecó, todo se trastornó y la tierra quedó desordenada y vacía.

Cuántos años o millones de años pasaron antes que Dios la hiciera de nuevo, no lo sabemos. Al sexto día de haberla hecho de nuevo, Dios hizo al hombre. Ya ustedes saben la historia de cómo el hombre pecó, y que inmediatamente tuvo miedo de Dios y se escondió, y en castigo de su pecado fue lanzado del huerto. Otra vez notamos que el pecado trae su castigo, y que el castigo es la separación de Dios. En la Biblia, a la separación final de Dios se da el nombre de <u>muerte.</u> Los que hoy son inconversos están lejos de Dios, y por eso Dios dice que están muertos (Ef. 2:1). Si ellos nunca creen, quedarán separados de Dios para siempre, y a esto se le llama la muerte segunda. Todos los que mueran esta segunda vez, quedarán alejados de Dios para siempre jamás. Aquí tenemos algunos versículos que hablan de este tremendo castigo para el pecado. (Lea los versículos que se dan bajo el número 2 y discútalos.)

PARA EL CUADERNO DE NOTAS: Explique que el pecado levanta una pared muy alta entre Dios y los hombres. Siendo Dios santo, no puede tener a los pecadores cerca de El. Y siendo los hombres pecadores, no pueden acercarse a Dios. Pero cuando Dios pone el pecado sobre la cruz (trace la línea de puntos para formar la cruz), entonces la separación desaparece y Dios puede acercarse a los hombres y los hombres se pueden acercar a él sin temor. Deje que cada uno escoja un versículo de la lección para escribir debajo de la cruz. Vea que pongan la cita junto con el versículo.

EL PECADO

DIOS ■■■ ■ ■■■ LOS HOMBRES

El Pecado

De creyentes y de inconversos

Toda cosa está en algún lugar; no hay cosa material que no esté en alguna parte.
1. Los pecados del inconverso —— Jn. 8:24; I Tim. 5:24; Jn. 15:22; 9:41.
2. Los pecados del creyente —— Isa. 53:6; II Cor. 5:21; I Pedro 2:24; Heb. 1:3.
Ilustración para la lección objetiva: Un libro.

· Si yo tomo este libro en mi mano y lo quiero soltar, tiene que quedar en alguna parte. Tengo que ponerlo en una mesa, en una silla, o en el piso, o en alguna cosa. No puedo dejarlo caer y que no caiga en alguna parte. (Al hablar, haga estas distintas cosas. Déjelo caer, pero llámeles la atención al hecho de que siempre cae en alguna parte.) Lo mismo pasa con los pecados; o están en uno mismo, o en algún otro. No podríamos lanzarlos a la nada, aunque así lo deseáramos.

Nosotros sabemos, porque la Palabra de Dios así lo dice, que todos somos pecadores (Romanos 3:23). Sabemos también que cada pecado debe ser castigado, porque Dios es perfectamente santo, y no puede hacerse el desentendido con los pecados. Pero Dios no quería alejarnos de sí para siempre. El nos amó aun cuando éramos pecadores (Rom. 5:8). Por eso buscó la manera de quitar de nosotros los pecados, sin dejar de ser perfectamente justo. Halló un lugar en donde poner nuestros pecados. Los puso sobre nuestro Señor Jesucristo, quien quiso tomar un cuerpo humano y una naturaleza humana para morir por nuestros pecados.

Uds. recordarán que cuando Jesús estaba clavado en la cruz, había dos ladrones crucificados juntamente con él, uno a cada lado. Al principio los dos estaban renegando y maldiciendo, pero poco tiempo después uno de ellos se quedó callado. Sabía que era pecador, y que merecía ser castigado. También sabía que Jesús no había pecado nunca, y volviéndose hacia el otro ladrón que todavía estaba maldiciendo, le dijo: "¿No temes tú a Dios? Nosotros estamos recibiendo el castigo que merecemos, pero este Hombre ningún mal ha hecho". Entonces se volvió a Jesús y le dijo: "Señor, acuérdate de mí cuando vengas en tu reino". Lo que dijo mostró que de veras creía en el Señor Jesucristo. Y Jesús le dijo: "Hoy estarás conmigo en el Paraíso". En ese momento algo sucedió con los pecados del ladrón que creyó. Hasta entonces sus pecados habían estado sobre él. El los había llevado toda su vida, pero cuando creyó en Jesús, Dios se los quitó y los puso sobre Jesús. Esa era la razón por la cual Jesús estaba en la cruz. El estaba recibiendo el castigo, no por sus propios pecados (porque él no tenía ninguno) sino por los de aquel ladrón y los de todo el mundo. El otro ladrón no creyó. Sus pecados quedaron sobre él, y nunca pudieron ponerse sobre Jesús. Así el ladrón inconverso murió en sus pecados.

¿A cuál de esos dos ladrones se quiere parecer Ud.? Inclinemos la cabeza y cerremos los ojos, y que cada uno le diga a Dios a qué ladrón se quiere parecer; si al que creyó y fue perdonado, o al que no creyó y llevó sus propios pecados y sigue llevándolos todavía.

Dios dice algunas cosas terribles acerca de los pecados de los que rehúsan creer en Jesús. Dice que morirán en sus pecados; que sus pecados les seguirán; que no tendrán con qué cubrir sus pecados; que sus pecados permanecen sobre ellos. Aquí tenemos algunos versículos que hablan de estas cosas tan terribles. (Estúdiense los versículos bajo el número 2.)

PARA EL CUADERNO DE NOTAS: Repase la lección mientras los alumnos dibujen. Permita que escojan un versículo que escribir debajo del dibujo. Vea que pongan la cita junto con el versículo. En las indicaciones para los maestros, al principio del libro, se sugiere la mejor manera de dibujar las cruces.

El creyente   El Salvador   El inconverso

El Pecado

Lo que Dios hace con nuestros pecados

¿Qué sucede a una palabra cuando la borramos del pizarrón?
1. Lo que Dios ha hecho con los pecados del creyente — Isa. 43:25; 44:22; Sal. 103:12; Isa. 38:17; Miq. 7:19; Col. 2:13; Heb. 10:17.
2. ¿Cuál debe ser la actitud del creyente con respecto al pecado en vista de esto? — Rom. 6:1, 2.
Ilustración para la lección objetiva: Un pizarrón, yeso y borrador.

Escribimos una palabra en el pizarrón. Cuando ya no nos sirve, la borramos. ¿Qué se hace la palabra? Desaparece, ¿no es verdad? Se desvanece. Ha desaparecido, y ya no es posible encontrarla. Dios ha hecho una cosa más admirable que esto con nuestros pecados, cuando hemos creído en nuestro Señor Jesucristo como nuestro Salvador y hemos visto que él murió por nosotros. El nos quita nuestros pecados. Los separa de nosotros. Cuando la palabra se borra del pizarrón, las partículas de yeso quedan en el borrador, se depositan en el travesaño del pizarrón, o caen al suelo, de modo que en realidad, el yeso que formó la palabra está allí todavía. Pero cuando Dios nos quita nuestros pecados, los aleja tanto que nunca se pueden volver a encontrar. Y Dios quiere que sepamos esto. El no quiere que estemos siempre temerosos de que algún día van a aparecer para que se nos echen en cara nuevamente. Por eso dice muchas cosas que ha hecho con nuestros pecados desde que creímos. Cada cosa que dice es para mostrarnos que nuestros pecados han desaparecido y que nunca jamás los volveremos a ver, ni aquí ni en el más allá.

Lo primero que dice es que los ha borrado (Isa. 43:25). Es como borrar una palabra. ¿Han visto Uds. alguna vez una nube grande en el cielo, y después de unos pocos momentos, al mirar otra vez ya no está? Eso es lo que Dios ha hecho con la gran nube negra de nuestros pecados. Los ha borrado para siempre (Isa. 44:22). En otro lugar (Sal. 103:12) dice que los ha alejado tan lejos como está el oriente del occidente. ¿Qué distancia es esa? Si Ud. empezara a caminar en dirección hasta el oeste en el espacio y yo hacia el este, podríamos viajar un millón de millas por minuto durante un millón de años, y nunca llegaríamos a nuestro destino, aun cuando a cada minuto nos alejaríamos más el uno del otro. Dios ha puesto nuestros pecados tan lejos de nosotros que nunca se podrán volver a encontrar.. Además, Dios dice que ha echado detrás de sus espaldas nuestros pecados (Isa. 38:17). ¿Qué lugar hay detrás de las espaldas de Dios? Sabemos que Dios está presente en todas partes, y que nada hay que se esconda de él. ¿Dónde, pues, está su espalda? Esto quiere decir que puso nuestros pecados en un lugar que no se puede encontrar. El dice también que ha echado nuestros pecados en lo profundo del mar. En algunos lugares el mar es tan profundo que nadie ha podido medir su profundidad. A esa distancia se han ido nuestros pecados. También dice que nos ha perdonado nuestros pecados (Col. 2:13) y que nunca más se acordará de ellos (Heb. 10:17). Dios lo sabe todo, y la única cosa que ha olvidado son los pecados de los que han creído que Jesús murió por ellos.

Siendo que Dios ha hecho todo esto por nosotros, ¿vamos a seguir pecando todo lo que se nos antoje, sólo porque sabemos que El es tan grande para perdonar? Por supuesto que no. Una persona que de veras ha nacido de nuevo por la fe en Jesús, nunca pensaría semejante cosa. Nosotros le amamos porque él nos amó primero, y en gratitud de su inmensa bondad queremos agradarle (Rom. 6:1, 2).

PARA EL CUADERNO DE NOTAS: Los alumnos pueden escribir sólo la cita o los versículos completos. Dibuje la cruz primero en el centro de la hoja.

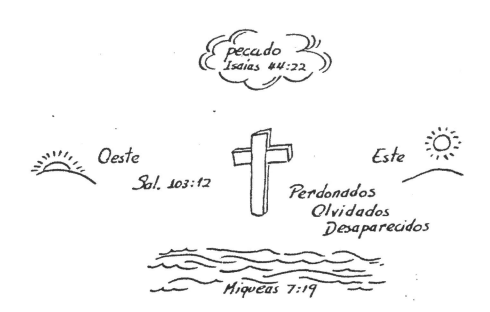

VEANSE LAS PREGUNTAS SOBRE EL PECADO EN LA PAGINA 54

La Salvación

Hay que decir la verdad acerca de cosas malas.
  Lo que Dios dice de los incrédulos:
  · Perdidos - Lucas 19:10; Juan 3:16.
  · Condenados - Juan 3:18.
  · Sus obras son malas - Juan 3:19.
  · Están bajo la ira - Juan 3:36.
  · Hijos del diablo - Juan 8:44.
  Llenos de pecado - Marcos 7:21-23.
  · Aborrecen la luz - Juan 3:20.

¿Ha visto Ud. alguna vez un puente arruinado sobre un riachuelo? Supongamos que Ud. está parado cerca de ese puente, y que se acerca un automóvil lleno de gente y le preguntan si el puente es seguro, ¿qué contestaría Ud.? ¿Les diría Ud. que pasaran, sólo por no decir algo desagradable del puente? Por supuesto que no. Eso sería obrar de mala fe y arriesgar la vida de esas personas. Sería imperdonable. Sin embargo, hay personas que se disgustan porque Dios no les dice cosas agradables en la Biblia. No les gusta saber que son pecadores, que están perdidos, condenados, que son hijos del diablo. Preferirían no oír la verdad, aunque necesitan saberla.

Es cierto que las cosas que Dios dice no son muy halagadoras. Pero Dios debe decir la verdad. El no puede mentir, y sabe que para salvarnos necesitamos conocer nuestro pecado. De ahí que la primera cosa que nos dice cuando quiere mostrarnos el camino de salvación, es que somos pecadores.

Sabemos que todos son pecadores. No podemos ver sus corazones, y tal vez nunca los hemos visto hacer algo malo. Sin embargo, sabemos que son pecadores, porque así lo dice Dios en Romanos 3:23. Pero, ¿qué quiere decir eso de ser pecador? Dios nos dice que los pecadores están <u>perdidos</u> (Luc. 19:10). Están lejos de Dios, y no pueden encontrar el camino para volver. Dice que si no creen en el Señor Jesús, perecerán (Juan 3:16). Esto quiere decir que se perderán para siempre - estarán alejados de Dios por toda la eternidad. El dice que ya están <u>condenados</u>. Sabemos que Dios es amor, pero también es verdad que El es justo. El es el Juez, y el Juez siempre tiene que hacer lo que es justo. El no condena a los hombres sólo porque son pecadores, sino porque son pecadores que no creen en su Hijo Jesucristo. El puede perdonar todo pecado, menos el pecado de no aceptar al Salvador.

La gente inconversa a menudo hace cosas buenas. Da de su dinero para ayudar a los pobres. Hay quienes aun dedican toda su vida a trabajar por el bien de la humanidad. Estas cosas nos parecen buenas, pero Dios no las ve tan buenas. El dice que sus <u>obras</u> son <u>malas</u> (Juan 3:19). En otro lugar dice que estas personas no pueden agradar (Rom. 8:8). También dice que aun sus <u>pensamientos</u> son malos (Prov. 21:4). Los inconversos están <u>bajo la ira de</u> <u>Dios</u>.

También dice Dios que los inconversos pertenecen a una mala familia. Algunas veces oye uno decir que Dios es el Padre de todos. Eso no es verdad. Dios es el Padre de todos los que creen en el Señor Jesucristo, pero no de los demás. Hablando con los fariseos, Jesús les dijo: "Vosotros sois <u>de vuestro padre</u> el diablo (Juan 8:44). ¡Cuán terrible es tener ese padre! El pecado no viene de afuera, sino de adentro (Marcos 7:21-23).

Dios nos dice todo esto porque quiere que seamos salvos. Debemos saber qué cosa tan terrible es no ser salvo, para que anhelemos recibir a Jesús como nuestro Salvador.

PARA EL CUADERNO DE NOTAS: Explique a los alumnos, a medida que dibujen, que la única entrada al camino del cielo es por la cruz (o sea la fe en el Señor Jesucristo). Después de haber pasado la puerta, nuestras buenas obras ya son agradables a Dios. Las buenas obras que se practican en el camino alejado de Dios, no le agradan, ni acercan un solo paso a Dios a los que van por ese camino. Es como si alguno creyera que lustrando su automóvil o recogiendo a un pobre peatón en el camino, llegará a donde quiere ir, a pesar de haber tomado un camino equivocado. Que escojan los niños un versículo para escribir debajo del dibujo. Vea que escriban la cita también. Lo primero que se dibuja es la cruz.

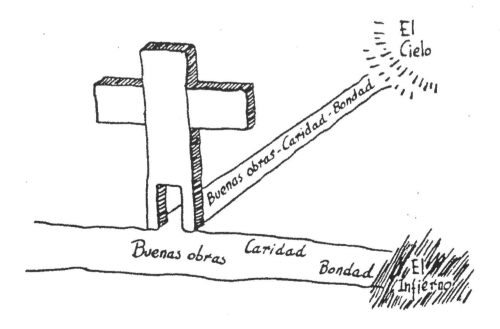

La Salvacion

1. La muerte de Cristo es el camino de salvación - Mat. 26:27, 28; Heb. 9:22.
2. Lo que es la salvación.

Había un problema que Dios tenía que resolver. Desde luego, para El nada es difícil, porque El sabe todas las cosas. Pero este problema tenía sólo una solución. El problema era, ¿cómo podía Dios salvar a los hombres, siendo ellos pecadores? Lo que hace de esto un verdadero problema es el hecho de que Dios es santo. El no podía simplemente olvidar el pecado. El pecado tenía que ser castigado. Por otra parte, no podía castigarnos a todos sin ninguna misericordia, porque Dios es amor. ¿Cómo podría El mostrar su amor y su santidad al mismo tiempo, en salvar a los hombres? Dios encontró una manera, un camino único.

Durante todo el tiempo del Antiguo Testamento, Dios estaba explicando este camino. ¿Recuerdan Uds. cómo trajeron Caín y Abel sus sacrificios? Caín trajo fruta, pero su ofrenda no agradó a Dios, aunque pudo haber sido muy hermosa. Abel trajo un cordero y derramó su sangre, y aunque esto no haya sido una cosa bonita, Dios se agradó y aceptó su sacrificio. Luego muchas, muchas veces leemos de corderos degollados y ofrecidos en sacrificio. ¿Para qué se hacía eso? A Dios no le gustaba que mataran a los corderos inocentes (Heb. 10:6). La razón de todo esto era que Dios quería dibujar o retratar la única manera que encontró para salvar a los hombres. Esa manera o camino fue la muerte de nuestro Señor Jesucristo. Así como se daba muerte al cordero y se le ponía sobre el altar, murió nuestro Señor Jesús en la cruz. El cordero nunca había hecho nada malo. Era un cordero perfecto, sin mancha ni defecto alguno. De igual manera el Señor Jesús era perfecto. El llevó los pecados nuestros, y sufrió el castigo que debíamos haber recibido nosotros.

La sangre de Jesucristo nos limpia de todo pecado. La noche antes de su crucifixión, mientras tomaba la última cena con sus discípulos, el Señor Jesús tomó la copa y dijo: "Esto es mi sangre del nuevo pacto, que por muchos es derramada para remisión de pecados" (Mat. 26:27,28). Dios también dice en Heb. 9:22: "Sin derramamiento de sangre no se hace remisión". Remisión quiere decir quitar, perdonar o librar. Así que sin derramar la sangre de nuestro Señor Jesús, no había manera de quitar el pecado. Esto de quitar el pecado es una parte muy importante de la salvación.

El Señor Jesús dio su vida en rescate por nosotros (Mat. 20:28). Su sangre fue el precio de nuestra salvación. Ni el oro ni la plata podrían haber pagado el precio de nuestra redención. Por eso es que leemos en I Pedro 1:18 y 19, que no fuimos rescatados con cosas corruptibles como oro y plata, sino con la sangre preciosa de Cristo, como de un cordero sin mancha y sin contaminación.

El Señor Jesús a veces se refiere a nosotros como sus ovejas, y por eso dijo que El es el Buen Pastor que dio su vida por sus ovejas (Juan 10:11, 15).

Busquemos estos versículos. Cada uno dice algo distinto acerca de nuestra salvación y de cómo el Señor Jesús la logró. Juan 12:24, 32, 33; 3:14, 15.

Este último versículo dice que era <u>necesario</u> que el Señor Jesús fuese levantado en la cruz. Esa era <u>la solución</u> -- la única solución -- que halló Dios al problema de la salvación.

PARA EL CUADERNO DE NOTAS: Que cada uno escoja el versículo que quiera escribir debajo del dibujo. Procure estar seguro que han entendido la solución que Dios halló a este problema.

El Problema de Dios

La santidad de Dios +
el amor de Dios + Pecadores =

El altar de Caín

El altar de Abel

La Salvación

La salvación incluye:
1. Perdón - Lucas 7:48; Ef. 1:7.
2. Regeneración - Juan 3:5-7; I Pedro 1:23.
3. Vida Eterna - Heb. 5:9; Juan 3:16.
4. Adopción como hijos - Juan 1:12; Rom. 8:16; I Juan 3:2.
5. Ser guardados - Juan 10;28, 29; I Pedro 1:5.
6. El Espíritu Santo - Juan 14:17; I Cor. 6:19.
7. Gloria - Juan 14:2; Juan 17:24; Rom. 8:30.
Lección Objetiva: Un calidoscopio, que se puede comprar por unos pocos centavos.

¿Ha visto Ud. alguna vez un calidoscopio? Es un aparato pequeño en que se ven figuras muy hermosas. Con sólo moverlo, la forma de las figuras se cambia totalmente. Nunca se puede ver la misma cosa dos veces, no importa cómo uno lo mueva.

Nuestra salvación es algo así como el calidoscopio, porque es distinta cada vez que la observamos. Aunque uno ya tenga mucho tiempo de ser salvo, no termina de darse cuenta de todas las riquezas que Dios tiene para nosotros en la salvación.

Lo primero es el perdón. Sabemos que todos hemos pecado. Dios dice: "Por cuanto todos pecaron". Vemos, pues, que necesitamos perdón y esa es la razón por que el Señor Jesús murió en la cruz. Era la única manera de que nuestros pecados fueran perdonados. Somos redimidos por su sangre (Ef. 1:7). El Señor Jesucristo vio la fe en el corazón de una mujer muy mala, y le perdonó todos sus pecados (Lucas 7:48). Y también a nosotros nos puede perdonar.

Otra parte de la salvación es la regeneración. Es una palabra larga que significa nacer otra vez. A Nicodemo, que era un hombre quizá muy bueno y muy entendido, Jesús le dijo: "Os es necesario nacer de nuevo" (Juan 3:5-7). Todos necesitamos nacer otra vez. Esto no quiere decir que nos volvamos niñitos otra vez, sino que recibamos una nueva vida de Dios. Dios no puede hacer nada con nuestra vida vieja y pecadora, El no trata de remendarla, sino nos da una vida nueva.

¿No les parece que sería una cosa fatal si fuéramos salvos hoy y nos perdiéramos mañana? No podríamos ser felices si así fuera el caso. Pero afortunadamente no es así. Cuando hemos nacido de nuevo por la fe en el Señor Jesucristo, la vida nueva que nos da no dura un día, o una semana, o un año, o hasta que volvamos a pecar, sino es una vida que dura para siempre, tan eterna como el mismo Dios; y por eso se le da el nombre de vida eterna (Heb. 5:9; Juan 3:16).

Ya hemos aprendido que los que no creen en el Señor Jesucristo son hijos de Satanás. Y los que son salvos cambian de familia inmediatamente y se vuelven hijos de Dios (Juan 1:12; Rom. 8:16;

IJuan 3:2). Esto quiere decir que ya no tendremos que tener miedo de Dios, porque El es nuestro Padre y nos ama más de lo que nosotros podemos imaginarnos. Podemos tener confianza de que El nos cuidará, y podemos llegarnos a El con nuestras penas.

Siendo que Dios es nuestro Padre, El ha prometido guardarnos. En el último día, no cerrará contra nosotros el cielo. Ya Satanás no puede hacernos volver a su familia, porque Dios mismo ha prometido guardarnos.

A veces deseamos haber estado aquí cuando el Señor Jesucristo anduvo en la tierra. !Qué cosa tan admirable hubiera sido poder verle; ver cuando sanaba a los sordos y los ciegos; ver cuando Lázaro salió del sepulcro; o haber estado allí a la orilla del mar, y haber comido con los cinco mil que Jesús alimentó con cinco panes y dos pececillos! Pero hay algo todavía más asombroso para nosotros el día de hoy. Aquellos no podían estar con Jesús todo el tiempo. Pero para que nosotros no nos quedáramos solos, cuando el Señor Jesús volvió al cielo, mandó el Espíritu Santo a vivir en nuestros corazones, si creemos en el Señor Jesucristo. El siempre está con nosotros, y nos da poder, y gozo, y paz, y todas las cosas buenas, y nos enseña más del Señor Jesús (Juan 14:17; I Cor. 6:19). Y hay cosas todavía mejores guardadas para nosotros en el cielo. Allí estaremos con el Señor Jesús en el lugar que él fue a preparar para nosotros (Juan 14:1, 2). ¿Puede alguno imaginarse lo que será ver a Jesús la primera vez? Eso será glorioso. Y estaremos con él para siempre y participaremos de su gloria en el cielo (Juan 17:24; Rom. 8:30).

PARA EL CUADERNO DE NOTAS: Trate de que los alumnos enumeren algunas diferencias entre el Reino de las Tinieblas y el Reino de la Luz. Si lo que dicen está bien, que lo escriban en sus propias palabras.

La Salvación

Dar y recibir
1. La salvación es por la fe.
2. La salvación no es por obras.

Conozco a cierta niñita que es muy vergonzosa. Un día quise darle algo y no pude. Repetidas veces le pregunté si no lo quería, pero nunca alargó la mano para recibir el regalo, y por fin tuve que desistir de dárselo y ella se quedó sin él.

La salvación de que hemos estado hablando en estas lecciones es un regalo de Dios. Y Dios desea mucho dárnosla, pero no puede a menos que la recibamos. Tal vez esto sea algo difícil de comprender. Por supuesto, la salvación no es algo que se pueda recibir con la mano, ¿verdad? Se recibe, no con la mano sino con el corazón. La cosa es creer lo que Dios dice. Es como esto: Hace mucho tiempo, el Señor Jesús vino al mundo como un niñito, aunque distinto de los demás niños, porque él era el Hijo de Dios. Creció y se hizo hombre, y fue siempre perfecto. El nunca hizo nada malo, ni siquiera en lo más mínimo. Pero la gente mala lo aborreció, y al fin lo crucificó. Dios dice en Su Palabra que él murió por nosotros, y El quiere que nosotros creamos lo que dice. Si nosotros lo creemos, nos da este gran regalo de la salvación, con todo su perdón, la regeneración, y la vida eterna, otra seguridad de que El nos guarda, y el Espíritu Santo, y la gloria. . . Creer todo esto es lo que, según la Biblia, significa tener fe. (Lea y discuta con su clase: Luc. 7:50; 8:48; Marcos 9:23; Juan 3:16; 3:36; 5:24; 6:47).

Algunas veces los maestros les dan a Uds. alguna recompensa si se portan bien o hacen bien su trabajo, ¿no es verdad? Tal vez le dejan borrar el pizarrón, o recoger los deberes, o les dan algún otro privilegio. Pero la salvación no es una recompensa. Uno puede procurar con todas sus fuerzas portarse bien, pero Dios no le puede dar la salvación como premio, porque es un regalo y no se puede comprar. Aun en el caso de que se pudiera comprar, nosotros nunca podríamos ser lo suficientemente buenos para merecerla.

¿Recuerdan Uds. la historia de los dos ladrones que crucificaron al mismo tiempo que crucificaron al Señor Jesús? A cada lado pusieron un ladrón. Los dos habían sido hombres muy malos, y merecían el castigo. Al principio los dos estaban blasfemando y maldiciendo, pero después uno de los dos ladrones se quedó callado. El otro siguió maldiciendo. Por fin el que guardaba silencio habló al otro ladrón: "Ni aun temes tú a Dios, viendo que nosotros también estamos crucificados? Y nosotros lo merecemos, porque hemos sido muy malos; pero este Hombre no ha hecho nada malo". Entonces volviéndose hacia el Señor Jesús, le dijo: "Señor, acuérdate de mí cuando vengas en tu reino". Ese ladrón jamás había hecho algo digno que mereciera la salvación, pero el Señor Jesús vio que creía en él, y le dijo: "Hoy estarás conmigo en el Paraíso". Jesús le pudo dar la salvación porque creyó.

Nunca procuren Uds. comprar la salvación. Asistir a la iglesia, orar, portarse bien, dar ofrenda - nada de eso les puede comprar la salvación, porque es un don (regalo) de Dios (Rom. 6:23). No es por obras, para que ninguno se ponga orgulloso. Dios lo hace todo (Ef. 2:8, 9).

PARA EL CUADERNO DE NOTAS: Anime a sus alumnos para que sean artísticos en su trabajo y la hagan con limpieza. Algunos pueden hacer las cosas mucho mejor de lo que uno se imagina.

Estas cosas no nos pueden salvar:

dinero

ir a la iglesia

La ofrenda de Caín (buenas) obras)

orar

El Regalo de Dios sí puede salvarnos

Ef. 2:8

Por gracia sois salvos por la fe.

VEANSE LAS PREGUNTAS SOBRE LA SALVACION EN LA PAG. 56.

Las Dos Naturalezas del Creyente

Tirando en dos direcciones distintas.
1. La necesidad de una naturaleza nueva.
2. Lo que Dios dice de la naturaleza vieja:
    (a) No puede agradar a Dios - Sal. 51:5; Ef. 4:22; Rom. 8:8; Jer. 17:9.
    (b) No puede obedecer a Dios - Marcos 7:21-23; Ef. 2:2.
    (c) No puede comprender a Dios - I Cor. 2:14; I Cor. 1:18; Rom. 3:11.

Alguien ha dibujado un carretón con un caballo enganchado adelante y otro detrás, y ambos tirando de ella con todas sus fuerzas. Desde luego, no pueden llegar a ninguna parte. Cuando jugamos tirando de los extremos de una cuerda, no caminamos mucho, sino sólo adelantamos o retrocedemos a trechos. Hay una lucha como esa en la vida del creyente, y el único que puede ponerle fin es el Espíritu Santo.

Todos nacemos con pecado en nuestro corazón. Cuando un niñito está muy chiquito, no se le ve el pecado en el corazón, ni tampoco se ve que haga nada malo. Pero allí está el pecado escondido en el corazón, y no pasa mucho tiempo sin que se manifieste. A nosotros nos parece que algunas gentes son muy malas y que otras son muy buenas. Pero Dios no ve esa bondad, pues dice que todas nuestras justicias son como trapos de inmundicia en sus ojos (Isa. 64:6). Una vez vino a Jesús un hombre que parecía muy bueno y respetable. Era maestro, y probablemente era uno de los mejores en Jerusalén. Llegó de noche a buscar a Jesús y quería hablar con él. La primera cosa que le dijo Jesús fue: "De cierto, de cierto te digo, que el que no naciere de nuevo, no puede ver el reino de de Dios" (Juan 3:3). No fue suficiente la bondad o lo bueno de Nicodemo. Jesús le dijo que tenía que nacer otra vez. ¿Por qué? ¿Por qué debe nacer otra vez una persona que nunca ha hecho nada demasiado malo? ¿Qué quiso decir Jesús?

Esta es la respuesta: Todos nacemos con una naturaleza vieja, a la que a veces se da el nombre de "la carne". Eso no se refiere a la carne de nuestro cuerpo, sino es el nombre que se la da a lo que somos antes de creer en el Señor Jesucristo. A esa naturaleza vieja se le puede educar o entrenar de manera que no mate, ni robe, ni mienta, pero eso no la hace buena. Dios dice que no hay nada bueno en ella, y que no le puede agradar. Esta es la razón por qué quiere que tengamos una naturaleza nueva que sí le pueda agradar. Eso es lo que él quiere decir con aquello de nacer otra vez. Cuando uno nace la primera vez, recibe la vida, pero aun cuando el cuerpo tenga vida, el alma está muerta. Cuando Adán y Eva pecaron, sus almas murieron, tal como Dios lo había dicho: "Porque el día que de él comieres, morirás" (Gén. 2:17). Dios quiere que vivamos, y por eso nos dice que creamos en el Señor Jesucristo. Cuando uno cree, Dios le da una vida nueva, y no un simple remiendo a la vida vieja.

Las cosas que Dios dice de la naturaleza vieja y de la carne, no son muy agradables. El ha tenido que hablar con mucha claridad, porque si no lo hubiera hecho, la gente creería posible remendar o chapucear la naturaleza vieja lo suficiente como para agradar a Dios. Lo primero que dice es que la naturaleza vieja no lo puede agradar. (Discuta con la clase los pasajes que se dan bajo el número 2 a.) Aun cuando alguno que todavía no ha sido salvo diera dinero a un pobre, no agradaría con eso al Señor, porque aquel acto sería impulsado por la naturaleza vieja, y mientras uno no haya creído en el Señor Jesucristo, ninguna cosa que haga puede considerarse como buena.

Además, la naturaleza vieja no puede obedecer a Dios. Esta es la razón por que no nos podemos salvar a nosotros mismos. (Discuta con la clase los pasajes que se dan bajo el número 2 b.)

La naturaleza vieja no puede comprender a Dios. Hay gente que dice que la Biblia les parece una locura. Esto se debe a que no tienen la naturaleza nueva. El hombre natural, o sea el que sólo tiene la naturaleza vieja, no puede entender la Biblia, ni ninguna de las cosas de Dios. Si alguien dice que la cruz y la muerte del Señor Jesucristo por nuestros pecados le parece una locura, podemos estar seguros de que esto se debe a que sólo tiene la naturaleza vieja. Es de los que perecen (I Cor. 1:18).

Pero cuando nacemos de nuevo, recibimos la naturaleza nueva que puede agradar, obedecer y comprender a Dios. Todo esto nos da Dios cuando creemos en el Señor Jesucristo.

PARA EL CUADERNO DE NOTAS: Explique que muchos creyentes viven según la naturaleza vieja, y llevan una vida miserable, cuando Dios desea que vivan felices, obedeciendo los impulsos de la naturaleza nueva en vez de la vieja. Esta lucha en que se tira de la misma cuerda en distintas direcciones, la tenemos descrita en Gál. 5:17. Los creyentes que se dejan llevar de la naturaleza vieja, son infelices; y los que se dejan llevar de la nueva, son felices.

Las Dos Naturalezas del Creyente

La naturaleza nueva

La fábula del marrano con el corazón de venado.
1. La necesidad de la naturaleza nueva (repaso de la lección anterior).
2. Cómo se recibe la naturaleza nueva - I Pedro 1:23; Juan 1:12, 13.
3. Qué es la naturaleza nueva - II Cor. 5:17; Gál. 2:20; Col. 3:3, 4; Fil. 1:21; Col. 1:27; I Juan 5:11, 12.

Se cuenta la historia de una princesa que tenía un marranito, al que mimaba y quería mucho. Lo mantenía en su cuarto, y cada día lo lavaban y le ponían una nueva cinta amarrada al cuello. Ella lo enseñaba cuidadosamente, procurando que aprendiera a ser aseado. Un día, después de haberlo amaestrado largo tiempo, lo sacó a dar un paseo con ella. Todo iba bien hasta que llegaron a un charco. Ver el lodo y tirarse en él, con todo y su preciosa cinta, fue una sola cosa. Allí empezó a revolcarse, sintiéndose más feliz que nunca. La princesa se entristeció mucho, pero al instante se le apareció un hada que le prometió hacer que el marranito amara la limpieza, quitándole el corazón de marrano y dándole un corazón de venado. Los venados son animales muy limpios, por lo que el marranito, ya con su nuevo corazón, de seguro no volvería a revolcarse en el lodo.

Desde luego, ésta sólo es una fábula, pero es un cuadro de lo que Dios hace con nosotros. Como aquel marranito, nosotros tenemos un corazón que ama el pecado. Dios dice que esta naturaleza vieja no le puede agradar. No importa con cuánto esmero la hayamos entrenado, al ver el pecado se suelta y se revuelca en él. Por eso es que Dios no trata de enmendar esta naturaleza vieja, sino nos dice que necesitamos una nueva.

Nosotros no podemos hacer esta naturaleza nueva. Lo único que podemos hacer, a pesar de nuestros esfuerzos, es lustrar o barnizar por encima nuestra naturaleza vieja. No podemos resolver el problema del pecado. Es como pintar una bomba que saca agua de un pozo de agua sucia. La pintura hace que la bomba se vea mejor, pero no puede cambiar en pura aquella agua malsana. Es por eso que Dios no puede aceptar a los que no creen en el Señor Jesucristo, aun cuando hagan grandes esfuerzos para portarse bien. No pueden agradarle. Necesitan una naturaleza nueva, y sólo Dios puede dársela.

En primer lugar, Dios dice que nacemos de nuevo por su Palabra (I Pedro 1:23). La Biblia no es como los demás libros, pues es viva, porque puede dar vida. Nos habla del Señor Jesús, y al creer en él, nacemos de nuevo y recibimos esta naturaleza nueva. En Juan 1:12 y 13 Dios nos dice cómo podemos llegar a ser sus hijos. Nacemos de nuevo por él, y él es quien nos da esta nueva vida. Cuando uno nace de nuevo, es Jesucristo mismo quien le da esta nueva vida, así como cuando uno nace la primera vez, son sus padres los que le dan la vida. Es por esto que Dios es el Padre de todos los que creen en el Señor Jesucristo.

La naturaleza nueva no es la naturaleza vieja remendada. Dios quiere que esa naturaleza vieja muera, y no que se remiende. La naturaleza nueva es la vida misma del Señor Jesucristo que viene a vivir en nuestros corazones. Por eso es que se nos llama "nuevas criaturas" cuando nacemos de nuevo (II Cor. 5:17). En la Escritura leemos frecuentemente que Cristo es nuestra vida. San Pablo dijo: "Para mí el vivir es Cristo". Cuando nos damos cuenta de que nuestra naturaleza nueva es la vida de Cristo en nosotros, deseamos más ardientemente que otros lo vean a El en nuestra vida.

PARA EL CUADERNO DE NOTAS:

Repase la lección tal como está dibujada. Trate de conseguir que los alumnos sugieran sus propias ilustraciones. Se puede decir que pintando una taza no cambiará el agua sucia que tenga en agua limpia. Poniendo un lindo traje a una muchacha no cambiará una mediana disposición en una amable disposición. Permítales a los alumnos que dibujen lo que sugieran. Escoja un versículo de la lección para escribirlo debajo del cuadro.

Las Dos Naturalezas del Creyente

El conflicto

Un león enjaulado.
1. La naturaleza vieja no ha sido quitada – I Juan 1:8, 10; Rom. 7:18; Gál. 5:17.
2. La provisión de Dios para alcanzar la victoria – Gál. 5:16; Rom. 6:6, 7; Gál. 2:20; Rom. 13:14.

A nadie le gustaría ir a un parque zoológico si todas las jaulas estuvieran abiertas, y los leones y los tigres y los leopardos estuvieran sueltos. Al momento empezarían a pelear y a matarse unos a otros y a todo lo que se les pusiera delante. Pero cuando están en sus jaulas no pueden hacer daño. Lo que les impide que hagan daño son los barrotes de hierro de las jaulas.

Nosotros llevamos dentro de nosotros mismos una naturaleza vieja que es tan mala como un tigre. Como hemos visto, no puede hacer nada bueno. Dios no quiere tener nada que ver con ella. Pero cuando creímos en el Señor Jesucristo y nacimos de nuevo, recibimos una naturaleza nueva – totalmente buena, y que no puede hacer nada malo, porque es la vida misma de Dios que El ha puesto en nosotros. Sería magnífico si, al recibir la naturaleza nueva, Dios nos quitara la naturaleza vieja, pero no es así. Dios tiene una buena razón para dejarla en nosotros. Hay quienes se han engañado a sí mismos pensando que ya se fue la naturaleza vieja, y dicen que ya no pecan. Esto es mentira, porque la Palabra de Dios dice que tenemos una naturaleza vieja que sólo puede pecar (I Juan 1:8, 10). Aun San Pablo tenía esa naturaleza vieja que es toda mala (Rom. 7:18). En Gál. 5:17 leemos de esa lucha entre la naturaleza vieja y la nueva. La naturaleza vieja (la carne) desea una cosa, y la naturaleza nueva (o sea el Espíritu) desea lo contrario. Recordemos aquel ejemplo del carretón con dos caballos tirando en distintas direcciones. La carne tira en dirección del diablo y el Espíritu en dirección a Dios.

Tal vez cuando Ud. creyó en el Señor Jesucristo pensó que todas sus luchas terminarían, y no dejó de desilusionarse al ver que todavía peca, y que el Diablo todavía le tienta. Cuando uno nace de nuevo, la lucha apenas ha comenzado porque hasta ahí lo único que tiene uno es la naturaleza vieja. De ahora en adelante, ya tenemos la naturaleza nueva para luchar con la vieja.

Entonces, ¿qué es lo que va a suceder? ¿Seguiremos pecando toda nuestra vida, dejando que la naturaleza vieja se salga de la jaula y siga pecando todos los días? Eso no es lo que Dios quiere. El quiere que tengamos la victoria sobre el pecado. El quiere que le honremos en todo lo que hacemos; pero ¿cómo lograrlo con esta naturaleza vieja que tenemos, que está lista para pecar en cualquier momento?

Dios ha preparado una manera en que la naturaleza nueva tenga la victoria. Para eso murió el Señor Jesús. El no murió solamente para librarnos de que vayamos al infierno, sino para librarnos de una vida de pecado.

Cuando el Señor Jesucristo murió en la cruz, Dios vio también morir allí a todos los que habrían de creer en El. Por eso dice que estamos muertos con Cristo (Rom. 6:8). Y aunque la naturaleza vieja esté ahí todavía, Dios no la ve como si estuviera viva, sino como en la cruz, crucificada con el Señor Jesucristo. Lo que necesitamos hacer, si no queremos que esta naturaleza vieja siga pecando, es dejar que Dios la mantenga muerta. Debemos someternos a Dios y pedirle que mantenga crucificada a nuestra naturaleza vieja. Cuando tengamos la tentación de pecar, podemos orar a Dios así: "Señor, yo sé que mi naturaleza vieja ha sido crucificada con Cristo, por lo que te ruego que la mantengas muerta. No la dejes que se desprenda de la cruz para volver a pecar". Y Dios lo hará si se lo permitimos.

Todo lo que hagamos, lo hacemos con la naturaleza vieja o con la nueva. Si queremos que la naturaleza nueva crezca, debemos alimentarla con la leche de la Palabra (I Pedro 2:2), y debemos matar de hambre a la naturaleza vieja, no dándole de comer lo que sirve para engordar al mundo. Si andamos en el Espíritu, no daremos gusto a la carne en sus deseos (Gál. 5:16; Rom. 6:6, 7; Gál. 2:20; Rom. 13:14).

PARA EL CUADERNO DE NOTAS: Lleve un corazón de cartón para que los alumnos tracen su perfil. Deje que ellos escojan un versículo que poner debajo de los corazones.

Las Dos Naturalezas del Creyente

Lo que son

La diferencia entre un hombre y un animal.
1. Cuerpo, alma y espíritu - I Tes. 5:23; Heb. 4:12.
2. El espíritu nuevo que se recibe en el nuevo nacimiento - I Cor. 2:12.
3. El alma nueva - II Cor. 3:18; Gál. 2:20.
4. El cuerpo nuevo - Fil. 3:21; I Juan 3:2.

Algunos animales son muy inteligentes. Pueden aprender a hacer muchas cosas. Hay perros que aprenden a guiar a los ciegos por las calles de las ciudades, que se paran cuando ven la luz roja del tráfico, y que siguen de nuevo cuando aparece la luz verde. Casi parece que saben tanto como un hombre. Pero hay una gran diferencia entre el animal más inteligente del mundo y el hombre más ignorante. Los animales nunca adoran a ningún Dios, y los hombres sí, ya sea que adoren al verdadero Dios o a los ídolos. Los animales no adoran ninguna cosa.

En el hombre hay tres partes, que llamamos el cuerpo, el alma y el espíritu. El cuerpo es la única parte que se puede ver, y es la parte que tiene los cinco sentidos: vista, oído, olfato, gusto y tacto. Por medio de estos sentidos nos damos cuenta del mundo que nos rodea. Los animales tienen cuerpo como nosotros, con sus cinco sentidos. También tenemos alma - la parte que siente, ama y aborrece. Los animales la tienen también, porque todos sabemos cómo aprenden a amar a sus amos, y que a veces aborrecen a algunas personas. Pero el hombre también tiene espíritu - o sea la parte capaz de conocer a Dios. Los animales no tienen espíritu; no pueden conocer a Dios. Sólo por medio de la Biblia (Heb. 4:12) podemos darnos cuenta de la diferencia entre el alma y el espíritu.

Cuando nacemos, nacemos con todas estas cosas: cuerpo, alma y espíritu. Todas han sido dañadas por el pecado, pues tienen que ver con la naturaleza vieja que no puede agradar a Dios. Nuestros cuerpos se enferman y mueren, y esto es a causa del pecado. Dios dijo a Adán que si desobedecía y comía del fruto del bien y del mal, de seguro moriría. Adán murió, y todos han tenido estas mismas molestias con el cuerpo a causa del pecado y de la naturaleza pecaminosa que está en el cuerpo. También el alma ha sido alcanzada por el pecado. A menudo sucede que aborrecemos lo que debiéramos amar y amamos lo que debiéramos aborrecer. No amamos al Señor con todo nuestro corazón como deberíamos amarlo; en vez de eso, nos amamos a nosotros mismos y a nuestros propios caprichos. El espíritu también ha sido tocado por el pecado. No conoce a Dios como debería conocerlo. En el Africa, la India y la China, la gente adora ídolos en vez de adorar al verdadero Dios, y aun en los países que tienen la Biblia, mucha gente no adora a Dios, sino se imaginan un Dios a su manera, que no es como el Dios de la Biblia. Así que las tres partes del hombre han sido dañadas por el pecado de la naturaleza vieja, y no pueden agradar a Dios.

Cuando nacemos de nuevo, Dios comienza una obra que renueva cada parte del hombre. En el momento de nacer de nuevo y recibir la nueva vida de Cristo, o sea la naturaleza nueva, recibimos un nuevo espíritu (I Cor. 2:12). Este nuevo espíritu puede entender las cosas de Dios, mientras que el espíritu que pertenece a la naturaleza vieja no las comprende. Eso explica por qué a veces oímos decir a algunas personas inconversas que la Biblia les parece necedad. Es natural que así les parezca, porque ellas no tienen el espíritu nuevo que da Dios. Y ¿qué del alma? ¿Será que Dios se propone componerla? No; Dios no remienda nada; El siempre hace todas las cosas nuevas. Desde que creemos empieza a formar en nosotros un alma nueva, un alma que ame su voluntad y aborrezca el pecado. No lo hace todo de una vez, sino de día en día, a medida que dejamos que la naturaleza nueva nos gobierne. Esta obra quedará terminada cuando Cristo venga, porque "sabemos que cuando él se manifieste, seremos semejantes a él, porque le veremos tal como él es". Tampoco nos dejará con este cuerpo que ha sido manchado por el pecado, porque cuando El venga, nuestros cuerpos serán como el de El. Entonces seremos perfectos.

Cuando muramos o cuando Cristo venga otra vez, perderemos esta naturaleza vieja para siempre, y a la venida de Cristo tendremos un nuevo cuerpo y seremos perfectos en el cielo por los siglos de los siglos.

PARA EL CUADERNO DE NOTAS: Que el maestro explique que el espíritu nuevo se recibe en el momento en que creemos; el alma se renueva de día en día, a medida que obedecemos a Cristo, (por lo que se usa una línea de puntos para indicar que esta parte no está completa todavía); el cuerpo nuevo lo recibiremos cuando él venga. Que los niños escojan un versículo que poner debajo de la ilustración, y si ellos no pueden, que el maestro se los escoja.

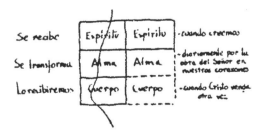

VEANSE LAS PREGUNTAS SOBRE LAS DOS NATURALEZAS DEL CREYENTE EN LA PAG. 56.

La Fe y las Obras

Fe para cada día.
1. Lo que es la fe - Rom. 4:3, 20; Hechos 27:21-25.
2. De dónde viene la fe - Ef. 2:8.
3. La importancia de la fe - Heb. 11:6.

Todos los días hacemos uso de la fe en nuestras vidas. Aun aquellas personas que dicen no tenerla, la usan, porque es una cosa de la que no podemos prescindir. Cuando uno se bebe un vaso de leche, tiene fe de que la leche está buena y que no lo va a enfermar. Cuando uno cruza un puente, tiene fe de que aguanta su peso. Cuando uno pregunta a un policía dónde queda tal lugar, tiene fe de que él sabe. Cuando uno se acuesta, tiene fe en que la cama puede sostenerlo.

La fe es sencillamente creer. Todos tienen fe, aunque no todos la usan como debieran. Abraham fue un hombre de mucha fe. Dios le hizo ciertas promesas y Abraham las creyó. Tuvo fe. No había nada que le hiciera creer aquellas promesas, salvo el hecho de que era Dios quien lo había prometido, y esta es una gran razón en verdad; pero con todo, Abraham creyó. Dios prometió a Abraham que habría de tener un hijo. A Abraham esto le parecía imposible, pero no obstante, creyó a Dios y Dios se agradó.

El apóstol Pablo fue otro hombre de mucha fe. Una vez iba en una nave, dirigiéndose de Jerusalén a Roma. Iba preso. En la travesía les sorprendió una gran tempestad, y todos temblaban de miedo - todos menos Pablo. Los demás se fijaban en las gigantescas olas, escuchaban el silbido del viento y sentían el balanceo del barco, y pensaron que estaban perdidos. Pero Dios habló a Pablo y le dijo que ninguno de ellos perecería. Pablo creyó lo que Dios le dijo. La tempestad seguía rugiendo con furor como antes. Las negras olas se encrespaban con la misma furia, y el viento seguía silbando con la misma fuerza. Pero Pablo se sentía seguro, porque creyó a Dios. Esto es la fe (Hechos 27:21-25).

La fe no es algo que nosotros mismos podamos fabricar, pues viene de Dios. Dios nos ha dado fe a todos, y todos la usamos cada día. A los que han de ser salvos Dios les ha dado la fe del Señor Jesús, que es la fe que salva. La otra fe, la fe corriente, es la que nos ayuda a pasar la vida; pero la fe que salva es la clase de fe que nos lleva al cielo. Los hombres no pueden creer por sí mismos. El Espíritu Santo es el que da esta fe salvadora. Leamos lo que dice este gran versículo: "Porque por gracia sois salvos por la fe; y esto no de vosotros, pues es don de Dios" (Ef. 2:8). La gracia, y la fe, y el Señor Jesucristo en quien creemos - son todos dones de Dios: todo viene de El.

Ninguno se puede salvar de otra manera, sino sólo por fe. Es de necesidad que creamos en el Señor Jesucristo para salvarnos. Sólo pensar en El no salva, ni orar a El, ni escuchar sermones que hablen de El, ni leer su Palabra. Todas estas cosas son buenas después de haber recibido la vida eterna, pero antes no nos producen ningún beneficio. Lo único que nos salva es creer. Sin fe ninguno puede agradar a Dios. En Hebreos 11:6, leemos: "Pero sin fe es imposible agradar a Dios; porque es necesario que el que se acerca a Dios crea que le hay, y que es galardonador de los que le buscan". Las buenas obras, por muchas que sean, no pueden agradar a Dios, si proceden de un corazón que no cree en El.

Dios dará esta fe salvadora a todo aquel que la quiera recibir. Más que cualquier otra cosa, lo que El quiere es que la gente se salve. Jesús murió en la cruz por los pecados de Ud. ¿Lo cree? Si es así, entonces Ud. tiene fe, ese don de Dios que salva y que pone a uno en el camino al cielo.

PARA EL CUADERNO DE NOTAS: Diga a los niños que la Biblia está llena de historias acerca de la fe. Pídales que den algunos ejemplos. Después entrégueles sus cuadernos, en que Ud. habrá copiado las frases que damos más abajo. Que abran sus Biblias en el capítulo 11 de Hebreos y que llenen los espacios con las palabras que encuentren allí. Dichas palabras en el orden en que aparecen allí, son: sacrificio, traspuesto, arca, obedeció, Isaac, afligido o maltratado, vituperio, Cristo, tesoros, egipcios.

Por la fe   Abel ofreció mejor . . . .

Enoc fue . . . .

Noé preparó el . . . .

Abraham . . . . a Dios

Abraham ofreció a . . . .

Moisés escogió antes ser . . . .

Moisés tuvo el . . . . de . . . .

por mayores riquezas que las . . . .

de los . . . .

Sin fe es imposible agradar a Dios - Heb. 11:6.

La Fe y las Obras

Una llave que abra el candado.
1. Lo que hace la fe:
   Salva - Luc. 7:50; Apoc. 1:5b; Ef. 2:8.
   Justifica - Rom. 5:1.
   Da vida eterna - Juan 3:16; 6:47.
2. Las obras no nos pueden salvar - Ef. 2:9; Gál. 2:21; Rom. 3:20; Hechos 13:39.

Si uno quiere abrir un candado, necesita tener la llave que le sirva. Uno puede tener un gran manojo de llaves, pero si entre todas ellas no hay una que le sirva al candado, todas salen sobrando. Hay una llave y sólo una que puede abrir la puerta de la salvación. Esa llave se llama Fe. Uno bien pudiera tener centenares de otras llaves que se llaman Buenas Obras, pero ninguna de ellas puede abrir la puerta.

La palabra fe quiere decir creer. Cuando uno cree que es pecador y que no se puede salvar a sí mismo, y que el Señor Jesucristo murió para llevar su castigo, tiene fe, la clase de fe que a Dios le agrada. Cuando uno tiene esa fe, Dios puede quitarle sus pecados y darle una nueva vida en el Señor Jesús.

El Señor Jesucristo mismo dijo que la fe es lo que salva. Cierto día una pobre pecadora se le acercó, y empezó a lavarle los pies con sus lágrimas y a secárselos con sus cabellos, y a untárselos con un perfume costoso. Todo esto naturalmente puede calificarse como buenas obras. Pero el Señor Jesucristo se dirigió a ella para decirle: "Tu fe te ha salvado; ve en paz" (Luc. 7:50). Jesús no le dijo: "Tus buenas obras y tus lágrimas te han salvado", sino tu fe! Las lágrimas no pueden lavar el pecado, ni las buenas obras lo pueden cubrir. El Señor Jesucristo "nos amó y nos lavó de nuestros pecados en su sangre". Hay otro lugar en donde Dios nos dice muy claramente: "Por gracia sois salvos por la fe, y esto no de vosotros, pues es don de Dios" (Ef. 2"8).

Cuando somos salvados, Dios dice que también quedamos justificados. Eso quiere decir que cuando El nos mira, no ve pecado en nosotros sino solamente la justicia del Señor Jesús. "Justificado" quiere decir estar como si no hubiéramos pecado jamás. Por supuesto que Dios sabe que hemos pecado, pero cuando hemos puesto nuestra fe en el Señor Jesucristo, El ya no mira el pecado en nosotros. Cuando uno mira a través de un vidrio verde, todo se ve verde, y si a través de uno azul, todo se ve azul. Cuando Dios nos mira a través del Señor Jesucristo, él nos ve tan santos como a su mismo Hijo. Cuando creemos lo que Dios dice de que somos pecadores, y cuando creemos que Dios está satisfecho con la muerte de Su Hijo, tal como lo ha dicho, somos salvos. La fe es lo que nos justifica, porque Dios así lo tiene escrito en Su Palabra: "Justificados, pues, por la fe, tenemos paz para con Dios por medio de nuestro Señor Jesucristo" (Romanos 5:1).

Al ser salvados, recibimos nueva vida de Dios - vida eterna - una vida que no puede terminar nunca jamás. Esta vida la obtenemos también por la fe. Uds. saben Juan 3:16: - "Porque de tal manera amó Dios al mundo, que ha dado a su Hijo unigénito, para que todo aquel que en él cree, no se pierda, mas tenga vida eterna". No dice que Dios da la vida eterna a los que sean buenos, a los que oran, a los que asisten a la iglesia, o a los que son bondadosos, aunque él desea que hagamos todas estas cosas, sino que da la vida eterna a los que creen.

Nuestras buenas obras no podrán salvarnos jamás. "Porque por gracia sois salvos por la fe; y esto no de vosotros, pues es don de Dios: no por obras, para que nadie se gloríe" (Ef. 2:8, 9). No podemos ser justificados por nuestras obras (Romanos 3:20).

PARA EL CUADERNO DE NOTAS: Cuando los alumnos hayan terminado el dibujo, dígales que escriban debajo Ef. 2:8. Procure que entiendan que Dios sí desea que hagamos buenas obras, pero que tenemos que ser salvos antes de poder hacer algo que sea agradable a Dios.

¿Cuál llave le hace?

La Fe y las Obras

Procure que los niños acepten a Cristo como su Señor y Salvador. Aunque hayan orado en los ejercicios preliminares, la lección en la clase debe empezar siempre con oración, ya sea que la haga el profesor o cualquiera de la clase. En los primeros grados es fácil enseñar a orar a los niños. Al principio los niños pueden repetir palabra por palabra, lo que Ud. les diga. "¿Quiere orar, Juanita? Diga: 'Señor, te damos gracias por nuestro Salvador, el Señor Jesucristo. Enséñanos hoy. Te lo pedimos en su nombre. Amén'". Muy pronto aprenderán a hacer sus propias oraciones.

Los carpinteros edifican una casa.
1. El lugar adecuado para las buenas obras - Ef. 2:8-10; Tito 3:8.
2. Cómo tener buenas obras - Fil. 2:13.

Es una cosa muy interesante ver cuando construyen una casa. Empiezan cavando el sótano y poniendo los cimientos. Después levantan las paredes, y por último ponen el techo. Si Ud. viera a los carpinteros preparando el techo en el suelo, y cuando lo han terminado, con todo y el tejado, los viera levantándolo para meter las paredes debajo, pensaría que esos carpinteros estaban locos, y tal vez estaría en lo cierto.

Eso mismo es lo que pasa con la fe y las obras. La fe pone el cimiento o fundamento. "Porque nadie puede poner otro fundamento que el que está puesto, el cual es Jesucristo" (I Cor. 3:11). Sobre este cimiento debemos edificar las buenas obras. Los versículos que hemos aprendido, Ef. 2:8-10, nos enseñan la misma cosa. "Porque por gracia sois salvos . . . no por obras . . . porque somos hechura suya, creados en Cristo Jesús para buenas obras". Dios nos salvó para que hagamos buenas obras. El tiene un plan, así como el carpintero o constructor tiene su plano. El plan de Dios fue hecho antes de la fundación del mundo, e incluye exactamente las buenas obras que El quería que hiciéramos todos, hasta los más pequeños. El tiene un plan para esta tarde, que incluye buenas obras. Siempre que Ud. sea un creyente obediente y bondadoso, está siguiendo su plan. Cuando Ud. es desobediente o se porta mal, no está haciendo las buenas obras que El había preparado o planeado. Tito 3:8 nos dice que los que han creído procuren seguir haciendo buenas obras. En Rom. 8:8 encontramos que las buenas obras del inconverso no pueden agradar a Dios. Sólo los que han creído pueden hacer buenas obras que lo agraden. ¿Quién compraría cuchillos para cortar la grama, pensando que después de haberla cortado se volvería una máquina de cortar césped? Lo que uno hace es comprar la máquina ya hecha y lista para cortar la grama. De igual manera, las buenas obras no nos pueden hacer cristianos o creyentes, pero ya después de ser creyentes, entonces sí podemos hacer buenas obras.

La razón por la cual no podemos hacer buenas obras antes de ser salvos, es que realmente sólo Dios puede hacer el bien. De nosotros mismos nunca podríamos hacer nada que de veras pudiera llamarse bueno. Al ser salvos, Dios viene a vivir en nuestros corazones y entonces es El realmente quien hace las buenas obras. En el tiempo frío se usan guantes. Cuando uno va en trineo para deslizarse sobre la nieve, o cuando uno maneja cualquier vehículo, ¿quién va manejando, la mano o los guantes? Por supuesto que es la mano. Si no tuviera la mano adentro, el guante no podría hacer nada. Así nosotros tampoco podemos hacer nada a menos que el Señor Jesucristo viva en nosotros. Es El en nuestro corazón quien de veras ama a la gente; es El quien de veras es bondadoso y hace favores a los demás. El vive en nosotros y produce en nosotros "así el querer como el hacer, por su buena voluntad" (Fil. 2:13).

El apóstol Pedro se dio cuenta de esto. Antes de morir, el Señor Jesucristo dijo que Pedro lo negaría tres veces. Pero Pedro contestó; "Ah, no, Señor. Tal vez todos los demás te nieguen, pero no yo. Preferiría morir antes que negarte". Pero todos sabemos que más tarde, bajo la impresión del miedo, negó a Jesús. Pero después, cuando el Espíritu Santo vino a morar en su corazón, Pedro era tan valeroso como un león. Predicó de Jesús a los mismos que lo habían crucificado, y les dijo que eran pecadores. No tuvo miedo de que lo encerraran en la cárcel, y aun les dijo a los jueces mismos que él debía obedecer antes a Dios que a ellos. Esto se debió a que ahora Cristo vivía en él, y era El quien hacía las buenas obras que Pedro no podía hacer de sí mismo.

PARA EL CUADERNO DE NOTAS: Casi siempre hay confusión cuando se trata de explicar la relación que hay entre las buenas obras y la salvación, por lo que debemos estar seguros de que los alumnos entienden esta enseñanza a la vez tan sencilla y tan importante.

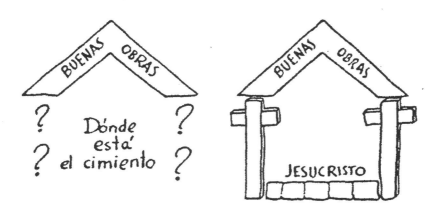

La Fe y las Obras

Procure que los niños acepten a Cristo como el Amo y Señor de sus vidas.
Cómo premia Dios las buenas obras - I Cor. 3:11-15; Mat. 10:42; 25:21; Rom. 4:4.

Hay una gran diferencia entre recibir pago y recibir premio. Si un hombre trabaja bien todo el día, merece que se le pague. Si el hombre a quien trabaja no le paga, es lo mismo que si le estuviera robando, porque ese salario pertenece al trabajador. Pero a veces un patrón no sólo paga el sueldo a los que le trabajan, sino que los premia. Tal vez hay un hombre que ha trabajado con tesón todo el invierno y ha recibido su pago cada semana. Cuando llega el verano, aquel hombre tiene derecho a dos semanas de vacaciones, pero el dueño le dice: "Ud. ha trabajado bien y con empeño, y le voy a dar un mes de vacaciones en vez de las dos semanas que le tocan". Eso sería un premio. El dueño no estaba en la obligación de concederlo, pero lo hizo de su propia voluntad.

Nosotros no tenemos derecho a que Dios nos pague, a menos que nos pague por el pecado. Y "la paga del pecado es muerte" (Rom. 6:23). Eso era nuestro merecido, porque todos hemos pecado. Pero Uds. saben que Dios dio ese pago al Señor Jesucristo, cuando murió en la cruz, por lo que nosotros ya no tendremos que recibirlo. Pero por más que nos esforcemos, nunca mereceremos ningún otro pago de Dios, porque después de haber hecho todo lo que esté a nuestro alcance, todavía somos imperfectos. No podemos ganar la salvación, ni la vida eterna, ni las bendiciones de Dios. Todas estas cosas no son pagos ni premios, sino dádivas o regalos de Dios, los cuales El nos da porque nos ama y porque el Señor Jesucristo murió por nosotros.

Pero una vez que hemos sido salvos, Dios nos promete recompensarnos. Si le servimos con fidelidad, El nos tiene reservadas grandes sorpresas en el cielo. Estas son premios. La semana pasada leímos en nuestras Biblias I Cor. 3:11: "Porque nadie puede poner otro fundamento que el que está puesto, el cual es Jesucristo". Ahora miren el versículo siguiente: "Y si sobre este fundamento alguno edificare . . ." Ese "alguno" de que habla ahí no es cualquier ser humano, sino algún creyente en Cristo, porque los inconversos no están sobre ese fundamento, ya sea que vivan en la China, en Londres o en México. La manera en que un creyente edifique sobre ese fundamento determinará el resultado que obtenga en aquel día cuando Dios dé los premios. Si sus obras son como oro, plata, o piedras preciosas, o sea cosas que agradan a Dios, recibirá recompensa (v. 14). Pero si las obras que edifica son como madera, heno u hojarasca, o sea cosas que no valen la pena, no recibirá ninguna recompensa. Pueda que se salve, pero no encontrará ninguna agradable sorpresa cuando llegue al cielo. Todos tenemos que comparecer ante el tribunal de Cristo. Si hemos creído en Cristo, de seguro iremos al cielo, porque este juicio no es para ver quién va al cielo o no, sino para ver quiénes merecen premio según lo que hayan hecho después de haber creído en Cristo. (Sería bueno que los maestros leyeran la nota explicativa de II Cor. 5:10 en la Biblia de Scofield).

Nuestro Señor contó la historia de un hombre que tenía varios criados. Cuando estaba para salir a un viaje largo, llamó a sus criados y dio a cada uno una gran cantidad de dinero. A uno dio cinco talentos, a otro dos, y a otro uno; y les dijo que negociaran con su dinero mientras él venía. El hombre que recibió los cinco talentos los usó bien, y cuando volvió su amo, ya había ganado otros cinco. También el que recibió dos ganó otros dos. Pero el que recibió sólo uno se enojó y no quiso usarlo, sino que fue y lo enterró en el suelo. Cuando el patrón volvió, premió a cada uno de los criados fieles, pero se enojó mucho con el criado infiel y lo echó en las tinieblas de afuera.

Dios nos ha dado a nosotros la salvación y la vida eterna y El quiere que hagamos las cosas que le agradan. Si Uds. son fieles y buenos y honrados, tanto en la casa como en la escuela, El los premiará. Y si no, perderán su premio, y el Señor no se sentirá feliz porque Uds. no han sido fieles.

PARA EL CUADERNO DE NOTAS: Explique a los alumnos que Cristo es el Amo y Señor de nuestras vidas, y que así debemos reconocerlo para no ser como el criado infiel que escondió su talento. Debemos recordar que tenemos que ser fieles en el uso que hagamos de nuestra vida, usándola para El y no sólo para nosotros mismos.

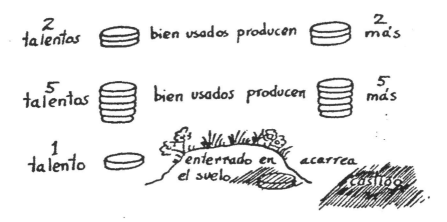

VEANSE LAS PREGUNTAS SOBRE LA
FE Y LAS OBRAS EN LA PAG. 57.

La Vida Eterna

Procure, como su fin primordial, que los niños acepten a Cristo como su Salvador. ¿Ha orado Ud. por su clase esta semana? Ore por los problemas que sus alumnos estén confrontando y espere que el Señor se los resuelva. Los niños muchas veces entienden las cosas espirituales mejor que los adultos.

1. ¿Qué es la vida eterna?
2. ¿De dónde viene?
3. ¿Por qué se necesita?

Todos conocemos las palabras "vida eterna". Las hemos oído por muchos años, pero quién sabe si nos damos cuenta de lo que significan. ¿Qué es la vida eterna, o sea vivir para siempre? Todos Uds. saben lo que es la vida física. Es lo contrario de la muerte. Un perro vivo, por ejemplo, es uno que no está muerto. Pero la vida de que estamos hablando no es la vida del cuerpo, sino la vida del alma. Muchas de las personas que uno ve diariamente tienen muerta el alma. Sus cuerpos están vivos, pero Dios dice que están verdaderamente muertos, "muertos en sus delitos y pecados" (Ef. 2:1). Son personas que "viviendo están muertas" (I Tim. 5:6).

Pero, ¿de dónde vino esta muerte? De seguro que no hizo Dios a Adán y Eva con almas muertas, ¿verdad? Ya lo creo que no. Sus almas estaban vivas, porque en Gén. 2:7 dice que cuando Dios hizo al hombre era alma viviente. Pero Adán pecó, y en el momento que pecó, murió. Dios le había dicho, refiriéndose al fruto del árbol prohibido: "Porque el día que de él comieres, morirás". Y en efecto murió, no su cuerpo, sino su alma. Y cuando nacieron sus hijos, nacieron con almas muertas. Uds. saben que las madres de los gatitos son gatas y que los perritos son hijos de las perras. No sería posible que un perrito fuera hijo de una gata. De igual manera una piedra o un pedazo de madera no podrían tener vida. Así Adán, con su alma muerta, no podía ser padre de un hijo que tuviera alma viva. Desde Adán hasta ahora, con la sola excepción del Señor Jesucristo, todos han venido al mundo con el alma muerta.

Por eso es que Dios habla de darnos vida eterna, pues hay que principiar por confesar que no la tenemos, y que se recibe sólo como un regalo.

¿Cómo es un alma muerta? En primer lugar, está llena de pecado. No es santa, y Dios no la puede tocar. El nunca dejaría que un alma muerta en pecado entrara en su santo cielo. Un alma muerta no puede entender la Palabra de Dios. Para los que todavía no tienen vida eterna, la Biblia es una locura. No la pueden entender en lo más mínimo (I Cor. 2:14).

Dios vio estas necesidades que teníamos, y por eso nos hizo

la provisión de vida eterna. Jesús murió en la cruz para que Dios pudiera darnos este gran regalo. "Porque de tal manera amó Dios al mundo, que ha dado a su Hijo unigénito, para que todo aquel que en él cree, no se pierda, mas tenga <u>vida eterna</u>".

Pero todavía queremos saber un poco más de lo que es esta vida eterna. La Biblia dice que Cristo es la vida. Jesús dijo: "Yo soy el camino, la verdad y la vida" (Juan 14:6). (También busque y lea Juan 1:4; I Juan 1:2; I Juan 5:13 y 20). Así que si Uds. tienen al Señor Jesucristo en su corazón, ya tienen vida eterna.

Cuando Jesús estuvo aquí en la tierra podía levantar a los muertos (Cuente la historia de Lázaro en Juan 11 y la de la hija de Jairo en Lucas 8), por cuanto El era la vida. El puede también dar vida a las almas muertas, porque El es la vida. (Lea Juan 11:25; 17:3). Cuando Jesús es nuestro Salvador, tenemos vida eterna, y nuestras almas ya no están muertas. Luego Dios nos hace santos, y podemos también entender su Palabra. El apóstol Pablo en Fil. 1:21 dice: "Para mí el vivir es Cristo". El es el único que nos puede hacer vivos, espiritualmente hablando, y lo hace cuando nos salva. Esa es una de las razones por qué murió.

PARA EL CUADERNO DE NOTAS: Procure lograr que sus alumnos entiendan que la eternidad pertenece al cielo y a Dios y que el tiempo pertenece a la tierra. Dígales que esto es difícil de entender porque nosotros pensamos y hablamos en términos del tiempo. Dígales que escriban debajo de la ilustración un versículo que ellos escojan.

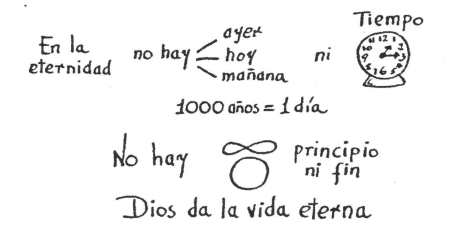

La Vida Eterna

Procure que los niños acepten a Cristo como su Señor y Salvador.

Lea de nuevo las "Indicaciones para los Maestros".
Haga una lista de las preguntas que serán contestadas en esta lección, y haga preguntas a la clase para ver si de veras han comprendido lo que Ud. les ha enseñado. Si no, tal vez tenga Ud. que repetir la lección.

No podemos obtener la vida eterna
  (a) por lo que somos,
  (b) por lo que hacemos.
Tenemos que recibir la vida eterna como un regalo.

Cierto día un joven se acercó a Jesús para preguntarle qué debía hacer para tener la vida eterna (Mat. 19:16-26). El pensó que Jesús era sólo un buen hombre, y Jesús tuvo que empezar por enseñarle que debía llamarle ó Dios Bueno u hombre malo. No podemos hablar de un ladrón honrado. Entonces Jesús comenzó a contestar su pregunta acerca de la vida. La gran equivocación de aquel joven consistía en que él creía que la vida eterna se obtenía haciendo algo. Por esto, al principio Jesús le dijo que debía guardar todos los mandamientos, y cuando el joven le contestó que todo eso lo había guardado desde su juventud, Jesús le mostró que no los había guardado.

Si Ud. tuviera un barco atado a la orilla con una cadena de diez eslabones, ¿cuál de los eslabones habría que cortar para que el bote quedara suelto, a la deriva? Cualquiera, diría Ud. Así el hombre estaba atado a Dios por medio de la ley. Algunos quebrantan uno o dos de los mandamientos, y piensan que están guardando los demás, pero su barco está tan suelto como el del que tomara un soplete y quemara los diez eslabones. A los ojos de Dios no hay un pecador "bueno". Dios aun ha dicho que "Cualquiera que guardare toda la ley, pero ofendiere en un punto, se hace culpable de todos". Sant. 2:10.

Si alguno pudiera guardar los mandamientos a perfección, podría obtener la vida eterna con guardarlos. Pero nadie puede. "Todos han pecado", dice Dios. Entonces, ¿cómo podemos obtener ese gran regalo de la vida eterna? ¿No hay ninguna esperanza?

Sí la hay. Juan 3:16 nos da la respuesta. La vida eterna se recibe creyendo en Cristo. No se puede comprar o ganar, simplemente porque nunca podríamos pagar el precio. No podemos hacer suficientes buenas obras para ganar el favor de Dios, porque somos pecadores. Lo único que podemos ganar es la paga del pecado. "Porque la paga del pecado es muerte, mas la dádiva de Dios es vida eterna en Cristo Jesús Señor nuestro" (Romanos 6:23). La vida eterna sólo se puede recibir como una dádiva, como un regalo.

Supongamos que Dios hubiera dicho que para obtener la vida eterna debíamos conseguir siete billones de dólares (dé un ejemplo en su moneda nacional). Sería una bobada empezar a economizar unos cuantos centavos, esperando reunir ese tanto, porque sería imposible. Pero si un amigo rico viniera y nos regalara los siete billones de dólares, entonces podríamos ser dueños de la vida eterna. Dios dice que para poder obtener la vida eterna, debemos guardar perfectamente los diez mandamientos. Eso es todavía más difícil que lograr reunir siete billones de dólares. Pero el Señor Jesucristo cumplió todos los mandamientos a perfección, y si creemos en El, nos da su justicia perfecta, y entonces podemos obtener la vida eterna como un regalo. Crea en El como su Salvador y este regalo será suyo.

Cuando Ud. nació por primera vez, recibió la vida física: empezó a respirar, empezó a vivir. Al nacer de nuevo, Ud. recibe la vida eterna. Entonces es cuando empieza a vivir espiritualmente. Su alma ya no está muerta en sus delitos y pecados como antes, sino viva. Si Ud. cree que Jesús es el Salvador, nacerá de nuevo (I Juan 5:1).

Todo aquel que cree recibe este regalo de la vida eterna. Es para "todo aquel" que cree. La frase "todo aquel" se usa en Juan 3:15 y 16.

Sería un magnífico plan que los alumnos busquen y marquen en sus Biblias los versículos siguientes: Juan 3:36; I Juan 5:11; Juan 5:24; I Tim. 1:15, 16; Juan 6:40, 47.

PARA EL CUADERNO DE NOTAS: Cuando Ud. esté seguro de que los alumnos han entendido la lección, póngalos a dibujar la ilustración. Pueda ser que ellos escojan un versículo distinto para poner debajo.

Siendo que hemos QUEBRANTADO la ley podemos recibir la vida eterna sólo como un regalo de Dios.
Rom. 6:23
La dádiva de Dios es vida eterna.

La Vida Eterna

La seguridad de que la poseemos

Procure hacer que sus alumnos acepten a Cristo como su Señor y Salvador. Si Ud. no se adelanta a los alumnos en su estudio de la Biblia, sucederá que las preguntas de ellos lo pondrán en aprietos. Hay muchos libros sobre estudios bíblicos que se pueden obtener con poco costo.

1. La prueba bíblica de que tenemos vida eterna.
2. La prueba de la experiencia.
    - (a) Creemos. Juan 3:16.
    - (b) Amamos a los hermanos. I Juan 3:14.
    - (c) Guardamos sus mandamientos. I Juan 5:2.
    - (d) Amamos a Dios. I Juan 5:2.
    - (e) Entendemos la Palabra de Dios. I Cor. 2:12.

¿Tiene Ud. vida eterna? Al hacerles esa pregunta a muchas personas, contestan: "Espero que sí" o "Espero tenerla al llegar al cielo". Tales respuestas indican que esas personas saben muy poco de la Biblia. En la Biblia no se encuentran esas respuestas de "espero que sí". Vea lo que dice Juan 5:24: "El que oye mi palabra, y cree al que me ha enviado, tiene vida eterna". Jesús no dice que pueda ser que el creyente tenga vida eterna, sino que ya la tiene. Lea Juan 6:47 y 3:36 y verá que sucede la misma cosa. Ahora busque I Juan 5:13: "Estas cosas he escrito . . . para que SEPAIS que TENEIS vida eterna". No dice: para que tengáis la esperanza, sino para que sepáis.

Si yo le diera a uno de Uds. un regalo, no me diría: "Gracias. Ojalá que algún día sea mío". Eso sería una tontería porque el que lo recibe ya sabe que le pertenece desde ese momento. Dios les ha dado vida eterna (Rom. 6:23). Si Uds. han recibido el regalo, tienen derecho a decir: "Yo sé que ya lo tengo." Si fuera algo que uno de ustedes estaba tratando de ganar, muy bien podría decir que "esperaba" poderlo obtener, pero la vida eterna no es algo que se gana. Si la han recibido como un regalo, es un insulto a Dios decirle que no están seguros de tenerla, cuando El dice que ya se la ha dado. Si yo dijera a alguno de ustedes que le dejé un paquete en su casa, ¿piensan que me gustaría si me contestara que no estaba seguro de que se lo hubiera dejado? Ya lo creo que no. Pues entonces usemos para Dios la misma cortesía que usamos con la gente. La Palabra de Dios se debe creer con toda confianza.

Hay además otras pruebas de que tenemos vida eterna. Sólo los que tienen esta vida eterna creen. Si Ud. cree, puede estar seguro de haber nacido de nuevo y de tener la vida eterna (I Juan 5:1). Los que tienen vida eterna aman a los demás cristianos. Lea I Juan 5:14. Hay cristianos a quienes uno no querría, si no fuera por el hecho de que son hijos de Dios, porque sus gustos y las cosas que hacen no le agradan a uno, pero por pertenecer a Dios son hermanos y los amamos en verdad. Los que tienen vida eterna pueden guardar los mandamientos de Dios (I Juan 5:2). Si Uds. no tuvieran vida eterna, no podrían guardar ni siquiera uno de los mandamientos de Dios, porque los que no han nacido de nuevo no pueden agradar a Dios (Rom. 8:8). Se entiende que no guardamos sus mandamientos perfectamente, pero el solo hecho de que los queremos guardar, ya muestra que tenemos vida eterna. Los cristianos, los creyentes, los que tienen vida eterna, aman a Dios. Los inconversos no lo aman. Pueden pensar que sí, y aun pueden expresarse de Dios en términos religiosos, pero no pueden amar al Dios que mandó a su Hijo a morir por nosotros, a menos que tengan vida eterna. Lea I Juan 5:2.

Los que no tienen vida eterna, del todo no pueden entender nada de la Biblia. ¿No ha oído Ud. a algunos que dicen que la Biblia es una tontería? Eso no es ningún argumento contra la Biblia: eso simplemente muestra que esa persona no tiene vida eterna. Lea I Cor. 2:14. Si uno no sabe francés, ese idioma le suena raro o divertido. He visto a gente que se ríe con ganas cuando alguno empieza a hablar en un idioma que ellos no entienden. Así pasa con la Biblia. Uno no entiende nada de ella hasta cuando ya tiene vida eterna. Ahora que somos salvos, ya podemos entenderla más y más.

PARA EL CUADERNO DE NOTAS: Diga a sus alumnos que estos son unos pocos de los versículos en que se usa el verbo CONOCER en la Biblia, y que el Señor no quiere que estemos ignorantes de nada que se relacione con nosotros. Dibuje el CONO primero.

Salmo 46:10- Estad quietos y CONO ced que yo soy Dios.
Salmo 56:9- En esto zco que Dios es por mí.
Jn. 7:17- El que quisiere hacer su voluntad cerá su doctrina.

La Vida Eterna

¿Se puede perder la vida eterna?

1. Dios dice que estamos seguros.
2. La predestinación.
3. El asunto del pecado.

Supongamos que hacemos la misma pregunta que hicimos en la lección anterior: ¿Tiene Ud. vida eterna? Ud. probablemente está pronto a contestar: "SI", porque Dios dice que podemos saber que TENEMOS vida eterna, si creemos en el Señor Jesucristo como nuestro Salvador. ¿Y mañana? ¿Tendrá vida eterna entonces? Y supongamos que Ud. hubiera pecado, ¿perdería su vida eterna? En otras palabras, nuestra pregunta de hoy es: "¿Se puede perder la vida eterna?"

Si Ud. dice que la vida eterna se puede perder, lo que Ud. está diciendo en realidad es que la vida eterna no es eterna. Si Ud. tuviera vida para seis meses, la perdería al final de esos seis meses. Y si tuviera vida para seis años, la perdería al final de esos seis años. Si Ud. tiene vida eterna, la puede perder al final de la eternidad; pero la eternidad no tiene fin, así que no se puede perder.

Pero no tenemos que estar adivinando, porque la Palabra de Dios habla de este asunto con mucha claridad. En primer lugar, Jesús dijo que si tenemos vida eterna, no nos podemos perder nunca. "Mis ovejas oyen mi voz, y yo las conozco, y me siguen; y yo les doy vida eterna: y no perecerán jamás, ni nadie las arrebatará de mi mano" (Juan 10:27-28). De modo que no podemos perecer. Jesús lo dice. Y nos dice cómo somos guardados - "Guardados por el poder de Dios" (I Pedro 1:5). El poder de Dios hizo la tierra, y el sol y las estrellas. Por su poder la tierra sigue dando vueltas y las estrellas giran a través del espacio y no chocan. Su poder lavantó a Cristo de los muertos. De modo que podemos estar seugros de que no hay peligro de perdernos, o de perder nuestra vida eterna, porque el mismo poder que hace todas estas cosas, es el poder que nos guarda. En Fil. 1:6 dice que el que comenzó en nosotros la buena obra, la perfeccionará hasta el día que Jesús venga. El nunca deja sus obras a medio hacer, como a veces sucede con nosotros. Si él ha empezado a salvarnos, no se detendrá a medio camino. San Pablo estaba seguro de esto, porque dijo: "Yo sé a quien he creído, y estoy seguro que es poderoso para guardar mi depósito para aquel día" (II Tim. 1:12).

Una razón que tenemos para saber que nuestra vida eterna no se puede perder, es que Dios no esperó hasta el día en que creímos para decidirse a salvarnos, sino que nos escogió antes de haber hecho el mundo. Lea Ef. 1:4. Piense en esto: antes que hubiera tierra o de que existiera el hombre, Dios pudo mirar hacia el presente y verlo a Ud. Y desde aquel remoto tiempo Dios lo escogió para que le perteneciera a El. Después de todo esto, ¿piensa Ud. que Dios lo va a soltar? No, !nunca! En Rom. 8:29 y 30 nos dice que nos ha predestinado (o que hizo desde antes el plan) para que seamos semejantes a Jesús, y que, en cuanto a Dios, ya estamos glorificados tan seguros como si estuviéramos en el mismo cielo.

Pero, ¿qué sucede si uno peca? ¿Qué pasa entonces? La contestación es que Dios nos perdonó de una vez y para siempre todos los pecados que pudiéramos cometer. Cuando Jesús murió, murió por todos nuestros pecados, y no sólo por algunos de ellos. No importa hasta dónde pueda descarriarse alguno, ya El lo sabía de antemano, desde que nos escogió. En Rom. 5:1 dice que somos justificados por la fe, y, en cuanto a Dios, es como si nunca hubiéramos pecado. El borró toda la lista de nuestros pecados, y ya no podremos perdernos jamás. Si pecamos, El está listo y esperando que confesamos nuestros pecados para limpiarnos (I Juan 1:8, 9; 2:1). Si rehusamos confesarle nuestros pecados, seremos castigados por ellos (I Cor. 11:31, 32), pero nada puede quitarnos nuestra vida eterna, porque es eterna.

PARA EL CUADERNO DE NOTAS: Diga a los niños que el poder de Dios es lo que conserva o sostiene al sol, la luna y las estrellas en su lugar, y que ese mismo poder es el que resucitó a los muertos. Pueda ser que ellos sugieran otras cosas. Que dibujen lo que quieran, y que pongan debajo el versículo que damos aquí y I Pedro 1:5.

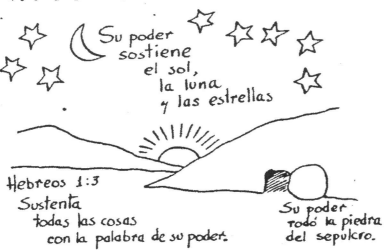

Su poder sostiene el sol, la luna y las estrellas

Hebreos 1:3 Sustenta todas las cosas con la palabra de su poder.

Su poder rodó la piedra del sepulcro.

VEANSE LAS PREGUNTAS SOBRE LA VIDA ETERNA EN LA PAG. 57.

EL PECADO

1. ¿Qué es el pecado? ¿Qué es la santidad?
2. ¿Cuántas personas en el mundo han pecado, y cómo lo sabe Ud? (Dé un versículo).
3. ¿Quién cometió el primer pecado?
4. ¿En quién están los pecados del inconverso?
5. ¿En quién han sido colocados los pecados del creyente?
6. ¿Era justo que Dios perdonara a un ladrón y no al otro? ¿Por qué?
7. Diga cuatro cosas que Dios dice haber hecho con los pecados del creyente.
8. ¿Pueden los creyentes pecar todo lo que se les antoje porque saben que Dios los perdonará? ¿Por qué no?
9. ¿Cuál fue el pecado de Lucifer?
10. ¿Cómo podemos saber que nuestros pecados han sido perdonados?

LA SALVACION

1. Diga cuatro cosas que Dios dice del inconverso.
2. ¿Agrada a Dios que un hombre inconverso dé dinero para los misioneros?
3. En los sacrificios de Caín y Abel, ¿agradó a Dios la fruta, o el cordero? ¿Por qué?
4. ¿Cuál es la única cosa que puede quitar el pecado?
5. ¿Necesitan las personas "buenas" nacer otra vez? ¿Por qué?
6. ¿Es Dios el Padre de toda la gente?
7. ¿Puede Ud. salvarse a sí mismo? ¿Qué es la fe?
8. ¿Escriba Efesios 2:8-9.
9. ¿Qué da Dios a los que hacen buenas obras después de ser salvos?
10. ¿Quién es el padre de los inconversos?

LAS DOS NATURALEZAS DEL CREYENTE

1. ¿Qué hay en el corazón de toda la gente al nacer?
2. Mencione tres cosas que Dios dice de la naturaleza vieja.
3. ¿Pueden entender la Biblia los que no han nacido de nuevo? ¿Por qué?
4. ¿Hace Dios buena nuestra naturaleza vieja?
5. ¿Cómo recibimos la naturaleza nueva? ¿Qué es la naturaleza nueva?

6. ¿Qué quiere Dios que se haga con la naturaleza vieja?
7. ¿Se ven los creyentes tentados a hacer el mal? ¿Por qué?
8. ¿Cómo podemos obtener la victoria sobre la naturaleza vieja?
9. Hay tres partes en todo ser humano. ¿Cuáles son?
10. Diga cuándo recibimos:
    (a) El espíritu nuevo.
    (b) El alma nueva.
    (c) El cuerpo nuevo.

LA FE Y LAS OBRAS

1. ¿Qué es la fe?
2. ¿Podemos tener fe de nosotros mismos, o es algo que se nos da?
3. Qué es lo que nos salva; ¿la fe, o las buenas obras?
4. ¿Qué quiere decir eso de ser justificado?
5. ¿Quién o quiénes pueden hacer buenas obras?
6. ¿Puede un creyente hacer buenas obras por sus propias fuerzas?
7. ¿Hay algo que podamos hacer para ganar la salvación?
8. ¿Cuál es la "paga" que podemos ganar nosotros mismos? Dé un versículo.
9. ¿Qué dará Dios a los creyentes que han hecho buenas obras?
10. ¿Pueden las buenas obras ayudar a salvarnos?

LA VIDA ETERNA

1. ¿Por qué es que todos nacen con un alma muerta?
2. ¿Nació el Señor Jesús con el alma muerta?
3. ¿Cómo podemos recibir la vida eterna?
4. ¿Qué es la vida eterna?
5. ¿Podemos comprar o ganar la vida eterna?
6. Cuándo comienza la vida eterna: ¿ahora, o en el cielo?
7. Escriba Juan 5:24
8. ¿Podemos perder nuestra vida eterna? ¿Cómo lo sabe Ud.?
9. ¿Cuándo lo escogió Dios a Ud. para que fuera creyente?
10. ¿Qué es lo que tenemos que hacer si hemos pecado?

CURSO DOS

Cristo Nuestro Libertador

Trate de que el alumno sienta que es un gozo aceptar al Señor y amarle.

La triste condición de la esclavitud al pecado.
1. Nuestra liberación:
    (a) La parte de Cristo - la cruz.
    (b) La parte nuestra - aceptarlo a El.

Nosotros nunca hemos visto un esclavo. Mucho antes de que naciéramos, hace como cien años, muchas personas que amaban al Señor, dirigidas por un hombre de apellido Wilberforce, procuraron que se emitieran leyes para comprar a todo esclavo en el Imperio Británico y darles la libertad. !Qué alegría tan grande han de haber experimentado estos esclavos cuando supieron que ya eran hombres y mujeres libres! Muy pronto otros países hicieron lo mismo.

La esclavitud tiene muchas cosas malas. A veces los esclavos tenían amos muy crueles que los apaleaban y los trataban con mucha dureza. Algunos tenían buenos amos y a ellos no les importaba tanto ser esclavos. Pero todos vivían bajo la impresión de la esclavitud; sabían que no se pertenecían a sí mismos, sino a sus amos, como le pertenece a uno su perro o su gato.

Dijimos arriba que nunca hemos visto un esclavo, pero eso no es exactamente la verdad. Los hombres no son esclavos unos de otros en este país hoy en día, pero muchos son esclavos del peor amo que se pudiera imaginar, - !de Satanás! Todo el que haya cometido un pecado, es siervo del pecado (Juan 8:34). Esto quiere decir que cada muchacho, muchacha, hombre o mujer es siervo del pecado, porque sabemos que "Todos han pecado y están destituidos de la gloria de Dios" (Rom. 3:23). Satanás se alegra mucho de tener tantos siervos, pero los aborrece a todos y quiere hacerles daño. Es una cosa muy triste ser esclavo del pecado y de Satanás, pues no hay verdadera felicidad para los que le pertenecen.

Pero la peor cosa que se puede decir de esa esclavitud es que Dios tiene que castigar a todos los que son siervos del pecado. Dios no los aborrece como el diablo, pero siendo que El es santo, debe castigar el pecado. ¿Hay alguna esperanza para estos pobres esclavos, bajo el poder de Satanás y bajo el justo juicio de Dios?

!Sí, la hay! Así como Wilberforce libertó a los esclavos en su propio país, el Señor Jesús ha firmado una proclamación de emancipación para todo esclavo del pecado y de Satanás. Todos pueden salir libres si así lo desean. Pero la firma de esta proclamación de libertad no fue como la que obtuvo Wilberforce. El Señor Jesucristo tuvo que morir en la cruz para poder libertar a los esclavos.

Ya saben Uds. que el pecado es muy malo, y siendo que Dios tiene que ser perfectamente recto y justo, no lo puede olvidar sino tiene que castigarlo. De modo que Dios pensó en una manera de castigar el pecado, sin tocar a los pobres esclavos del pecado, a quienes amaba aun siendo ellos tan malos. El mismo, en la persona del Señor Jesucristo, llevó el castigo que ellos merecían, y los dejó ir libres. Ahora todos los que creen en él y lo reciben como su Salvador, quedan libres de Satanás. Cristo es nuestro Libertador.

Observemos algunas de las cosas de que hemos sido librados por el Señor Jesucristo.

Lea y discuta con su clase las referencias siguientes: Col. 1:13; I Tes. 1:10; Col. 2:14; Juan 5:24; Mat. 1:21; II Cor. 1:10.

PARA EL CUADERNO DE NOTAS: Que los niños escojan uno de estos versículos y lo escriban completo debajo de la ilustración. Deben dibujar la cruz primero.

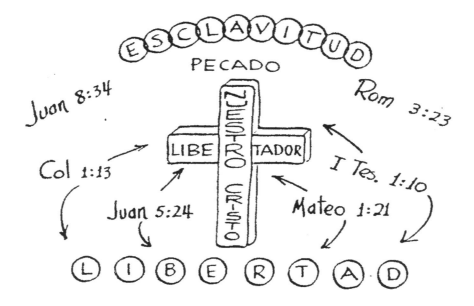

Cristo Nuestro Libertador

La triste condición de un creyente que peca.
1. Cristo provee libertad.
    (a) Su parte – en la cruz.
    (b) Nuestra parte – rendirnos a El.

Un esclavo que haya sido libertado no querría volver adonde un amo cruel que lo trataba mal toda su vida. Más bien procuraría alejarse de él cuanto le fuera posible. La cosa rara con algunos creyentes es que después que Cristo los compró y los libró del amo cruel del pecado, pagando por ellos un precio tan sumamente grande, parece que quieren volver a servir al amo malo y dejar al Señor Jesucristo. Parece increíble, ¿verdad?

Es una cosa muy triste para un creyente eso de seguir en el pecado. En Romanos 6:1 y 2 vemos lo que Dios piensa del creyente que peca. El pecado del creyente es peor que el de uno que no conoce a Dios, porque el que pertenece al diablo está lleno de pecado, y un pecado más sólo se suma a la lista de los que ya tiene. Como lo dijo un creyente chino, los que son del diablo llevan la ropa sucia, de modo que una mancha más casi no se echa de ver, pero el creyente lleva puesta la túnica blanca de justicia en la que cada mancha se nota. Además, nosotros tenemos al Espíritu Santo que mora en nosotros, desde que nacimos de nuevo, y cada vez que pecamos lo contristamos. De seguro que no queremos entristecer al Señor, y eso es lo que sucede cuando un creyente peca (Ef. 4:30).

No es fácil evitar el pecado, aun cuando uno ha nacido de nuevo. La realidad es que entonces Satanás hace un esfuerzo mayor para tentarnos, porque él aborrece al Señor Jesús, y quiere quitarle a sus siervos, aunque sea por poco tiempo. Pero el Señor Jesús ha provisto la manera de que no <u>tengamos</u> que ceder a la tentación. Si cedemos es por culpa nuestra y no de él.

La tentación en sí no es pecado. El pecado sale del corazón (Mar. 7:20-23), y Satanás trata de despertarlo, para que el hombre acaricie pensamientos pecaminosos, o que peque. Satanás trató de hacer pecar al Señor Jesús, pero no lo pudo lograr porque Jesús no tenía la naturaleza vieja (Juan 14:30). De modo que no debemos pensar que hemos pecado solamente porque Satanás ha tratado de despertar la maldad en nosotros. El pecado consiste en amar el mal, ya sea que caigamos en él o no. Martín Lutero dijo que él no podía evitar que los pájaros volaran sobre su cabeza, pero que por la gracia de Dios no consentiría que hicieran nido en su pelo. Dios dice que siempre hay una puerta para salir de la tentación. Busquen I Cor. 10:13 y léanlo. A veces parece que Satanás ha bloqueado todas las puertas de escape, pero Dios nos mostrará cómo escapar, si le pedimos.

La manera de permitir que Dios sea nuestro Libertador del pecado y de la tentación, es por el camino de la cruz. Recordemos que fuimos salvos por la muerte del Señor Jesucristo en la cruz. El llevó el castigo que nosotros merecíamos, y ahora ya estamos libres del pecado y del diablo. Por la cruz somos salvos del <u>castigo</u> del pecado, y también por la cruz somos salvos del <u>poder</u> del pecado. Cuando el Señor Jesucristo murió, Dios lo vio tomando nuestro lugar, como si nosotros realmente hubiéramos muerto con él. Todos sabemos que un muerto no puede pecar. Por eso, cuando el diablo se acerque con una tentación, debemos decirle a Dios: "Padre, yo sé que cuando Jesús murió, yo morí también. Guárdame en el lugar de muerte en la cruz, para que no peque". Dios lo hará si se lo pedimos. Busquemos Romanos 6:6 y 11. Lo que acabamos de decir es lo que quieren decir estos versículos. La dificultad está en que a menudo queremos jugar un poco con la tentación antes de pedirle a Dios que nos haga "muertos" a ella. Y al hacer esto, antes de darnos cuenta ya habremos pecado. Así que en el principio mismo de la tentación debemos rendir nuestros corazones a Dios y pedirle que nos guarde del pecado. Estudien también II Pedro 2:9 y Heb. 7:25.

PARA EL CUADERNO DE NOTAS: Que los niños sugieran las tentaciones que ellos quieran escribir. Asegúrese de que entienden que todos somos tentados y que el Señor quiere que llevemos todas las tentaciones al pie de la cruz.

Cristo Nuestro Libertador

De la presencia del pecado

Señale a Cristo como el que Viene, a quien esperamos.
1. La naturaleza vieja siempre está presente en el creyente.
2. La venida del Señor pone fin a la naturaleza vieja.

Hay algunas cosas de las cuales con gusto nos querríamos libertar, pero no podemos. He sabido de muchachos que tienen el pelo crespo, y que no les gusta; que de mil maneras tratan de estirar y alisar el cabello, pero siempre se les vuelve a rizar, muy a pesar de sus deseos. Hay cosas que no nos abandonan sólo porque así lo deseamos.

Hay en cada creyente algo de que con toda gana se quisiera librar, pero no puede. Se llama la "naturaleza vieja". Todos tenemos en nosotros una vida mala, que no quiere hacer el bien. Siempre trata de que hagamos las cosas que agradan a Satanás y disgustan al Señor Jesucristo. Los que no han creído en el Señor Jesucristo, sólo tienen esa vida, pero los que han sido salvos, tienen también otra vida. La nueva vida la recibimos cuando creemos en el Señor Jesucristo como nuestro Salvador, una vida divina que no puede abandonarnos. Y la tenemos juntamente con la vida vieja y pecadora. Jamás pueden las dos ponerse de acuerdo. Esa es la razón por qué cada uno de nosotros tiene tantas luchas cuando trata de hacer el bien. La naturaleza nueva quiere hacer lo bueno; la naturaleza vieja quiere hacer lo malo.

No hay manera alguna de despojarnos de esta mala vida. Por mucho que tratemos de librarnos de ella, nunca lo logramos. El Señor Jesucristo es el único que tiene el poder de mantenerla crucificada y muerta, como decíamos la semana pasada, para que no pueda pecar, pero con todo y eso, allí está, y nosotros necesitamos rendirnos al Señor constantemente, para que no salte cuando menos lo esperamos y comience a hacer cosas malas. Es como un león encadenado. Si llegara a soltarse, haría mucho daño.

Esto no es del todo agradable, ¿verdad? Pero hay una cosa muy feliz que podemos esperar y anticipar. Ya sabemos que el pecado no puede entrar al cielo. Dios ha dicho: "No entrará en ella ninguna cosa inmunda, o que hace abominación y mentira". Apoc. 21:27. Y, desde luego, esta naturaleza vieja no puede entrar al cielo. Dios nos dice que cuando el Señor Jesucristo venga a llevarnos consigo, la naturaleza vieja se quedará y nos llevaremos al cielo únicamente la naturaleza nueva. Esto durará para siempre, de modo que ya no tendremos nada que ver con el pecado por los siglos de los siglos. Entonces nada nos volverá a tentar, porque ya no tendremos la naturaleza vieja que nos tiente. Seremos semejantes al Señor Jesucristo (Heb. 9:28; Fil. 3:20, 21; II Cor. 5:4, 5; Juan 27:12; Rom. 8:18, 19).

PARA EL CUADERNO DE NOTAS: Este diseño es excelente para todos los que se dedican al evangelismo personal, y se puede usar lo mismo con niños que con adultos. Hay que explicar que debiéramos vivir de acuerdo con la naturaleza nueva, pero que hay muchos creyentes que todavía viven según lo pide la naturaleza vieja; y que la mayoría de los creyentes viven a veces en una y a veces en la otra.

Un inconverso   muerte

cuando nace tiene la naturaleza vieja que permanece
          sin cambio para siempre...

El creyente   recibe una nueva naturaleza eterna...

cuando nace tiene la
naturaleza vieja

          Cuando nace   Cuando muere o a
          de nuevo   la venida de
                              Cristo, pierde la
                              naturaleza vieja

Cristo Nuestro Libertador

Estudio de Juan 14:1-15.

Lea el pasaje completo con sus alumnos antes de comenzar esta lección.
1. Nuestro conocimiento debemos derivarlo de la Palabra de Dios.
2. En este capítulo se presenta la triple liberación del creyente.

En las últimas tres lecciones hemos estado hablando de nuestro gran Libertador. ¿Pueden recordar las tres cosas de que nos ha liberado? Esas tres cosas son: el castigo del pecado, el poder del pecado, y la presencia del pecado. En primer lugar, El nos libró del castigo del pecado tomando nuestro lugar en la cruz. Luego nos libró del poder de nuestro antiguo amo, Satanás, por el hecho de que al morir Cristo, Dios nos vio muertos con él. Los muertos no interesan a Satanás, y mucho menos cuando han muerto con Cristo. Y el Señor Jesús vendrá otra vez algún día, tal vez muy pronto, a librarnos de la presencia del pecado. Cuando El venga, ya no tendremos la naturaleza vieja que nos traicione y nos entregue otra vez a nuestro antiguo amo, Satanás.

Acabamos de leer quince versículos de la Escritura que nos enseñan algo de todas estas cosas. Hay algunas preguntas que debemos hacernos. En primer lugar, ¿quién habló las palabras de este capítulo 14 de San Juan? El Señor Jesucristo. Y El nunca puede equivocarse, ¿verdad? De modo que podemos estar seguros de que estas palabras son verdaderas.

Vamos a leer los versículos uno, dos y tres, y ahora digan Uds. de qué parte de nuestra liberación hablan. El Señor Jesucristo dice que no necesitamos estar turbados. Nosotros creemos en Dios, y exactamente del mismo modo podemos creer en él. Podemos confiar en él, porque él es Dios. En la casa de su Padre - ¿dónde está ese lugar? Aquí se refiere al cielo, el lugar donde vivirán algún día todos los que creen en el Señor Jesús. En esa casa hay muchas moradas. No hay por qué temer que no haya suficiente lugar para todos nosotros en el cielo. Jesús está preparando un lugar para nosotros, y él vendrá otra vez y nos llevará con él. ¿Puede algún pecado entrar al cielo? ¿Nos llevará Jesús al cielo teniendo todavía la naturaleza vieja? Ya lo creo que no. Esta parte del capítulo nos habla de librarnos de la presencia del pecado.

Ahora veamos el versículo seis. Este es un versículo que todos deberíamos saber. Jesús dice que El es el único camino hacia Dios. No podemos llegar a Dios por medio de nuestras oraciones ni por ir a la iglesia, ni por hacer buenas obras. La única manera de llegar a Dios es creyendo en el Señor Jesucristo. Y cuando llegamos a Dios por medio de Cristo, ¿qué liberación recibimos? Es la primera parte de nuestra liberación; la que nos libra del castigo del pecado. El ya lo sufrió por nosotros, por lo que ya podemos llegarnos a Dios por medio de El, y estar completamente seguros para siempre.

Entonces uno de los discípulos hizo una pregunta necia. Dijo que quería ver al Padre. ¿Podemos ver a Dios el día de hoy? No. Ninguno lo puede ver, porque él es Espíritu, infinito, eterno e inmutable. Pero cuando el Señor Jesús estuvo en la tierra, la gente lo pudo ver, y El era Dios. Por esto, no tenían necesidad de decir que querían ver al Padre. Jesús dijo a Felipe que ·debería haber entendido todo esto, por haber estado con El tanto tiempo. Luego el Señor Jesucristo empezó a hablar de sus obras, e hizo una gran promesa. El había hecho grandes obras, tales como sanar a los enfermos y resucitar a los muertos, pero a los discípulos les prometió que les daría poder para hacer cosas mayores que éstas. Se refería al poder del Espíritu Santo. Y es por ese poder que no estamos bajo el dominio del pecado. Estamos libres de su poder. Así, pues, en este capítulo tenemos las tres clases de liberación.

PARA EL CUADERNO DE NOTAS: Traiga un círculo de cartón para ayudar a los niños a dibujar el mundo.

En la tierra ahora
LIBERTAD
del castigo y del poder del pecado
Col. 1:13

El SEÑOR
Cuando El venga a llevarnos al cielo de la presencia del pecado.
Juan 14:3

VEANSE LAS PREGUNTAS SOBRE CRISTO NUESTRO LIBERTADOR EN LA PAG. 100.

Cristo Nuestro Pastor

Señale a Cristo, el Buen Pastor, que da su vida por sus ovejas.
Los pastores y las ovejas.
1. Cristo da su vida por nosotros.
2. Cristo nos da su vida.

Cuando nuestro Señor Jesucristo vivió en la tierra, había muchos rebaños de ovejas en su país. Los pastores las llevaban a pastar y las cuidaban muy bien. Uds. recuerdan que David, el gran rey de Israel, fue pastor cuando era niño. En aquel tiempo no era cosa fácil ser pastor, porque abundaban animales salvajes como los osos, los leones y los lobos. También había ladrones que dañaban y aun mataban las ovejas. Un buen pastor nunca permitía que sufrieran daño sus ovejas; antes prefería morir él primero. Sin duda Uds. recuerdan que David tuvo que matar un león y un oso cuando estaba cuidando sus ovejas.

El Señor Jesucristo sabía que sus discípulos entendían bien el trabajo de un pastor. Por esto un día les dijo: "Yo soy el buen Pastor; el buen Pastor su vida da por las ovejas".

¿Qué quiso decir con eso? El no tenía un rebaño de simples ovejas. Las ovejas suyas eran las gentes que creían en El. Y El las cuidaba con mayor esmero que los pastores cuando cuidaban a sus ovejas. Y como los buenos pastores cuidaban de las vidas de sus ovejas, así lo hacía él. Pero El hacía mucho más. Un tremendo león se había apoderado de sus ovejas antes que él fuera su dueño. Ese león hería las ovejas y las quería matar. Andaba rugiendo alrededor de ellas, tratando de devorarlas. Pero el Señor Jesús murió para librarnos de ese león. "El buen pastor su vida da por las ovejas".

En otra ocasión, dijo que él era la puerta de las ovejas. De noche las ovejas dormían en el corral para estar protegidas. El corral no tenía puerta visible, pero el pastor estaba siempre allí, de modo que nadie podía entrar sin que él lo supiera. Como se puede ver, El era la puerta. Ninguno podía entrar sino por él. Jesús dijo: "Yo soy la puerta: el que por mí entrare, será salvo; y entrará y saldrá, y hallará pastos" (Juan 10:9). En otro capítulo Jesús dijo: "Yo soy el camino, la verdad y la vida: nadie viene al Padre, sino por mí" (Juan 14:6). El es el único camino hacia Dios. Somos salvos creyendo en El, y este es el único camino de salvación.

El Señor Jesús no sólo dio su vida por nosotros, sino que nos da su vida. ¿Cómo puede ser eso? Dios dice que cuando todavía no hemos creído en el Señor Jesús, estamos muertos; muertos del alma; no del cuerpo, porque el cuerpo está vivo, aunque un día también tendrá que morir. Por eso es que cuando Jesús nos salva, nos da vida, o lo que es lo mismo, y la vida que nos da es su propia vida. Juan 5:24 dice: "El que oye mi palabra y cree al que me envió, <u>tiene</u> vida eterna". En I Juan 5:11 leemos: "Y este es el testimonio: Que Dios nos <u>ha dado</u> vida eterna; y esta vida está en su Hijo". De donde vemos que ya tenemos la vida del Señor Jesús en nosotros, si hemos creído en él, y esta vida es eterna. El Buen Pastor que dio su vida por nosotros y que nos dio su vida, hará que sus ovejas estén seguras, protegidas contra el león rugiente, porque El las ama y las cuida a cada momento.

PARA EL CUADERNO DE NOTAS: Explique que los que están fuera del redil o del corral, están allí porque no quieren hacer caso a la voz del Pastor. Repítales que debemos prestar atención a la voz del Pastor y no descarriarnos. Hágales sentir la importancia de conocer la Biblia, que es la revelación de la voluntad del Pastor. Dibuje la pared del frente primero.

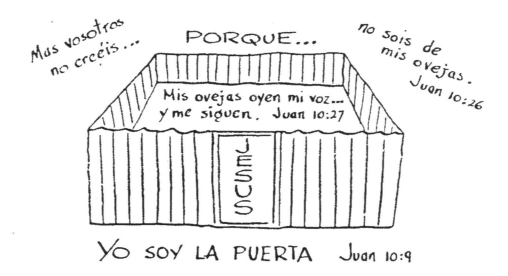

Cristo Nuestro Pastor

Señale al Señor Jesucristo como el Salvador resucitado que cuida y guarda sus ovejas. El Buen Pastor y el Gran Pastor.
1. Ha resucitado de los muertos.
2. Guarda sus ovejas.

El Buen Pastor murió por sus ovejas. El Señor Jesús murió en la cruz por nuestros pecados. Pero, ¿está muerto ahora? La contestación se ve en otro de los nombres del Señor Jesús. El es no sólo el Buen Pastor, sino el Gran Pastor, porque la muerte no pudo retenerlo. Al tercer día se levantó de entre los muertos, y hoy está vivo, y vivirá para siempre. Hay un versículo que habla de esto. En Heb. 13:20, 21 leemos: "Y el Dios de paz que sacó de los muertos a nuestro Señor Jesucristo, el gran pastor de las ovejas, por la sangre del pacto eterno, os haga aptos en toda obra buena, para que hagáis su voluntad, haciendo él en vosotros lo que es agradable delante de él". En donde vemos que, aunque murió, la muerte no pudo retenerlo, y Dios lo resucitó para hacer otra gran obra por sus ovejas.

Un pastor puede morir por sus ovejas, para librarlas de un león, pero no convendría dejarlas sin protección después de eso, porque podría venir otro león, o cualquier otra calamidad les podría acontecer. Las ovejas necesitan tener un pastor todo el tiempo. El Señor Jesús sabía que la gente es como las ovejas. No necesitamos solamente un Salvador, sino uno que nos guarde también. Y para hacer eso precisamente fue que resucitó de los muertos.

Primero que todo, el pastor necesita conocer a cada una de sus ovejas. El Señor Jesús conoce a cada uno de los suyos. Juan 10:3 dice: "A sus ovejas llama por nombre". El sabe el nombre de cada uno de ustedes y todo lo que se relaciona con cada uno. No hay cosa que él no sepa: El sabe lo que hacemos y pensamos y aun conoce nuestros deseos.

Además, el guía a sus ovejas. No sabemos lo que sucederá mañana: podrá ser un día alegre o un día triste. Puede ser que tengamos que hacer cosas fáciles o cosas muy difíciles. Por eso necesitamos de uno que nos cuide y nos dirija, suceda lo que suceda. Como el pastor lleva sus ovejas a los pastos delicados y a las aguas de reposo, así nos guía a nosotros el Señor Jesús. "Jehová es mi pastor, nada me faltará". "Y cuando ha sacado fuera todas las propias, va delante de ellas" (Juan 10:4). El no quiere que nos adelantemos, pues va guiándonos, y lo que tenemos que hacer es seguirle. En su senda hay abundancia de gozo.

Un pastor puede perder algunas de sus ovejas. Puede ser que llegue un ladrón y se robe algunas. Pero no hay ladrón que pueda robarle una al Señor Jesucristo. El es más fuerte que cualquiera.

Ni el diablo mismo nos puede robar. Jesús dijo: "Mis ovejas oyen mi voz, y yo las conozco, y me siguen; y yo les doy vida eterna: y no perecerán jamás, ni nadie las arrebatará de mi mano" (Juan 10:27, 28). Satanás puede intentar arrebatarnos de las manos de Jesús, pero no podrá lograrlo, porque Jesús es el Gran Pastor, que se levantó de entre los muertos y demostró que es más fuerte que Satanás. El pecado tampoco nos podrá apartar de él. El ha prometido guardarnos, y no faltará a su promesa.

PARA EL CUADERNO DE NOTAS: No vacile en decir a los niños, basándose en la autoridad de la Palabra de Dios, que tienen seguridad de su salvación; y ellos harán más por amor que por temor; así es como Dios hace las cosas.

Nuestro Gran Pastor
Hebreos 13:20

Pueblo suyo somos y ovejas de su prado
Y no perecerán para siempre. Salmo 100:3
Juan 10:28

Las flechas de Satanás
y del pecado

Cristo Nuestro Pastor

Señale al Señor Jesús como el que viene.
El Buen Pastor, el Gran Pastor, y el Príncipe de los pastores.
1. El hecho de su venida.
2. Nuestra vida en vista de ese hecho.

El Buen Pastor murió por sus ovejas; el Gran Pastor cuida de sus ovejas. ¿Hay algo más que el Señor Jesús, como nuestro Pastor, puede hacer por nosotros? La Palabra de Dios nos da otro nombre de Cristo que nos enseña otra gran obra que El hará. Se le llama el Príncipe de los pastores. Abran sus Biblias en I Pedro 5:4 y leerán lo que Dios dice de este Príncipe de los pastores. "Y cuando aparezca el Príncipe de los pastores, vosotros recibiréis la corona incorruptible de gloria". El Príncipe de los pastores es el que viene.

Sabemos que Dios está en todas partes al mismo tiempo. Está en el cielo y al mismo tiempo está en la tierra, porque vive en los corazones de todos los que creen en El. Por ahora no podemos ver a nuestro Señor Jesús, aunque sabemos que está con nosotros. Pero viene un día cuando podremos verlo, porque El volverá a la tierra.

Los discípulos supieron esto en el mismo momento en que El ascendía al cielo. Estaban en el Monte de los Olivos hablando con El, cuando empezó a subir en el aire, y ellos se quedaron viéndolo hasta que se les perdió de vista entre las nubes. Aun después de haberse ido, ellos se quedaron mirando hacia las nubes, sin duda pensando si él volvería a aparecer. Pero en vez de eso se les aparecieron dos varones vestidos de blanco, que les dijeron: "Varones galileos, ¿por qué estáis mirando al cielo? Este mismo Jesús, que ha sido tomado de vosotros arriba en el cielo, así vendrá como le habéis visto ir al cielo".

Eso es lo que estamos esperando hoy día. Algún día, y pudiera ser pronto, las nubes se abrirán y levantaremos nuestros ojos para ver al Señor Jesús. El aparecerá otra vez, y los que creemos en él seremos transformados, y tendremos un cuerpo perfecto, como el cuerpo glorificado de él, y seremos arrebatados para recibir al Señor en el aire, y de allí al cielo, el hogar de Jesús y de nosotros también.

Pero, ¿qué es eso de la corona que menciona este versículo? El Pastor que viene ha estado observando a su pueblo y va a premiar a algunos de ellos. Esto no tiene nada que ver con la salvación. La salvación depende de la fe, y nunca se recibe como premio por algo que hayamos hecho. Es algo que nunca llegaremos a merecer. Es una dádiva, o sea un regalo. Pero Dios premiará a los que creen por lo que hagan después de haber creído. Si dejan que Dios haga su voluntad en ellos, si confían en El y le obedecen, recibirán un premio. Uno de estos premios se dará a los que aman su venida. Los que están viviendo en pecado no quieren que El vuelva, por lo que, si amamos su venida, estaremos viviendo una vida que agrada al Señor.

Una de las últimas palabras que tenemos del Señor Jesús se encuentra en el libro de Apocalipsis. Es esta: "He aquí, yo vengo pronto, y mi galardón conmigo, para recompensar a cada uno según sea su obra" (Apoc. 22:12).

En I Juan 3:3 dice: "Y todo aquel que tiene esta esperanza en él, se purifica a sí mismo, como él también es puro". Si estamos esperando que venga nuestro Pastor, de seguro no desearemos estar haciendo nada que le desagrade cuando venga. Procuraremos conservarnos puros. Si él viniera y nos encontrara haciendo algo que le desagrada, echaríamos a perder la felicidad de ese grande y glorioso día de su venida. Pidámosle que nos conserve en pureza.

PARA EL CUADERNO DE NOTAS: Procure que los niños se den cuenta de que estos tres títulos se dan a un sólo Pastor, nuestro Señor Jesucristo.

El Buen Pastor murió por sus ovejas. Juan 10:11

El Gran Pastor vive por sus ovejas. Heb. 13: 20, 21

El Príncipe de los pastores vendrá a premiar a sus ovejas. I Ped. 5:4

Cristo Nuestro Pastor

Señale al Señor Jesucristo como el centro de nuestra vida. Vuelva a leer las "Indicaciones para los Maestros".
Lea todo el pasaje con sus alumnos.
1. El pastor asalariado.
2. El verdadero pastor.
3. La muerte del pastor.
4. El redil de las ovejas.
5. La resurrección del pastor.

·   Fue el Señor Jesucristo mismo quien dijo a sus discípulos que él era su pastor. En Juan 10:1-11 explicó que él era la puerta de las ovejas, y que él daría su vida por ellas, para que se salvaran todos los que creyeran en él. Después siguió explicándoles algo más de su obra como pastor.

(Lea la clase el pasaje, versículo por versículo, y luego coméntelo como sigue):

Versículo 12 y 13. A veces los pastores tenían grandes rebaños de ovejas y ocupaban a otros pastores para que les ayudaran a cuidarlas. Por supuesto, estos pastores a sueldo no amaban a las ovejas como sus propios dueños, y cuando había algún peligro, salían huyendo y abandonaban a las ovejas. Si veían venir al lobo, no arriesgaban su vida para proteger a las ovejas, sino salían huyendo y el lobo tomaba alguna oveja y esparcía a las demás.

Versículo 14. Pero el buen pastor conoce a cada una de sus ovejas y sabe distinguirlas. Cualquiera diría que todas se ven iguales, pero para él son distintas. Lo mismo pasa con el Señor Jesucristo. El es el Buen Pastor y nos conoce a cada uno de nosotros, aunque para otra gente no seamos de importancia. Y también nosotros lo conocemos a él, aunque sea de manera muy imperfecta. Esa es la diferencia entre los salvos y los no salvos. Los que no son salvos no conocen a Jesús, aunque hayan oído hablar de él; pero nosotros sí lo conocemos.

Versículo 15. El Señor Jesucristo no sólo conoce a su pueblo, sino que conoce a Dios el Padre. El dijo que nadie había visto a Dios, pero que el Hijo unigénito lo había revelado. "Yo soy el camino, la verdad y la vida: nadie viene al Padre sino por mí" (Juan 14:6). Y aun conociendo al Padre, quiso entregar su vida por nosotros. Parece imposible, ¿no es verdad? El Señor de gloria que conocía perfectamente al Padre vino a este mundo pecaminoso para dar su vida por nosotros.

Versículo 16. ¿Quiénes son las ovejas del Señor? En los días cuando él estuvo aquí en la tierra, eran los judíos. Eran los únicos a quienes él había predicado, y por lo mismo eran los únicos que habían creído. Pero El no murió tan sólo por los judíos, sino también por los gentiles. Por eso dijo a sus discípulos que él tenía otras ovejas que también le pertenecían, las que habría de traer para que hubiera un rebaño, y un pastor. No debe haber divisiones entre los que le pertenecen, porque todos forman un solo rebaño.

Versículo 17. El Padre siempre ha amado al Hijo. El dijo: "Este es mi Hijo amado, en el cual tengo contentamiento". Pero había una razón especial para que amara al Hijo de manera tan singular, y era porque Jesús había consentido en dar su vida por las ovejas, y también porque habría de ser levantado de entre los muertos.

Versículo 18. Algunos piensan que los judíos fueron los que mataron a Cristo. Otros dicen que nuestros pecados fueron los que le dieron muerte. Ambas cosas son ciertas, pero la realidad es que El quiso morir. Nadie podía quitarle la vida, pero él quiso entregarla por nosotros.

PARA EL CUADERNO DE NOTAS: Después de enseñar la lección, diga a los niños que el Señor quiere que le demos nuestros corazones, que le amemos y que le sigamos, y que si nos alejamos de El, llevaremos una vida de tristeza y de pecado.

Lléguemonos con corazón verdadero

Hebreos 10:22

Pecado y tristeza

Gozo y Paz

VEANSE LAS PREGUNTAS SOBRE CRISTO NUESTRO PASTOR EN LA PAG. 100.

La Oración Aceptable

Señale al Señor Jesucristo como Aquel por medio de quien es posible la oración.
Distintas clases de oración.
1. ¿Qué es la oración?
2. ¿Quiénes pueden orar?

En el Tibet todo el mundo ora. Pero no oran como nosotros. Algunos llevan escrita una oración corta en una especie de sonajero, o matraca que da vueltas cuando se mueve, y creen que cada vez que la rueda donde está escrita la oración da una vuelta, es como decirle una oración al ídolo. Por dondequiera que va la gente, allí llevan esas ruedas de rezar y les van dando vueltas y vueltas. ¿Será esa una verdadera oración? Ya lo creo que no. Ya sabemos que los ídolos no pueden ver, ni oir, ni hablar, y que no tienen ningún poder, ni pueden contestar la oración. En los tiempos del Antiguo Testamento, cuando muchos de los israelitas adoraban al ídolo Baal, el profeta Elías reunió a toda la nación en el Monte Carmelo. Los sacerdotes del ídolo hicieron primero un altar y pusieron un sacrificio encima, y Elías hizo lo mismo. Los sacerdotes pedían al ídolo que mandara fuego para quemar el sacrificio, y siguieron orando el día entero. Pero por supuesto, no lograron ninguna respuesta. Entonces Elías oró, e inmediatamente Dios contestó con fuego y se quemó el sacrificio. Esto demostró que Dios es el verdadero Dios, y que los ídolos no sirven para nada.

La oración es hablar con Dios. No es sólo pedir cosas. Cuando uno habla con su mamá, o su papá, o con sus amigos, no les habla únicamente para pedirles algo. Uno habla de lo que está haciendo. Siempre hay muchas cosas de qué hablar a un buen amigo. Orar o hablar con Dios, es exactamente lo mismo. Podemos hablar de todo lo que hemos hecho en el día, y de cómo es El de bueno, de amoroso y bondadoso; podemos darle las gracias por todo lo que ha hecho por nosotros y, por supuesto, también le podemos pedir lo que necesitemos.

Se cuenta la historia de dos ángeles que vinieron a la tierra con canastas en que llevar las oraciones del pueblo de Dios. Una canasta era para poner las acciones de gracias y la otra para poner las peticiones. ¿Cuál canasta creen Uds. que se llenó primero? La de las "peticiones", porque la gente pedía muchas cosas y se olvidaba de dar gracias a Dios. Desde luego, esto no es más que una historia, porque Dios no tiene necesidad de mandar ángeles con canastas para recibir nuestras oraciones. Dios mismo las oye. Pero la historia nos muestra que muchas veces olvidamos de darle gracias a Dios por todas las cosas que él ha hecho por nosotros

¿Puede cualquiera orar? No. Algunos piensan que quienquiera

puede acercarse y orar a Dios, pero ésa no es la verdad. No todos pueden jugar en un equipo de pelota. Si uno fuera a un gran equipo profesional y pidiera permiso para jugar en el equipo, la gente se reiría de uno. Uno tiene que pertenecer al equipo para poder jugar. De igual manera hay que pertenecer a la familia de Dios para poder orar. Al orar decimos: "Padre nuestro". Uno no le puede llamar a Dios "Padre" si no es su hijo, y uno es hijo de Dios únicamente cuando ya ha sido salvado. "Mas a todos los que le recibieron, a los que creen en su nombre, les dio potestad de ser hechos hijos de Dios" (Juan 1:12). Si Ud. ya ha creído en el Señor Jesucristo como su Salvador, ya es hijo de Dios, y ya puede orar.

Cuando los inconversos oran, no están orando a Dios, aunque mencionen su nombre. A quien en realidad están pidiendo es a Satanás, porque Satanás es el padre de todos los que se resisten a creer en el Señor Jesús. Cuando los fariseos se acercaron a Jesús y le dijeron que Dios era el padre de ellos (Juan 8), él les corrigió su error y les dijo que eran hijos del diablo.

Si somos hijos de Dios y aborrecemos el pecado, Dios oirá y contestará nuestras oraciones.

PARA EL CUADERNO DE NOTAS: Deje que los niños sugieran lo que quieran escribir debajo de cada columna. Ayúdelos únicamente cuando sea necesario.

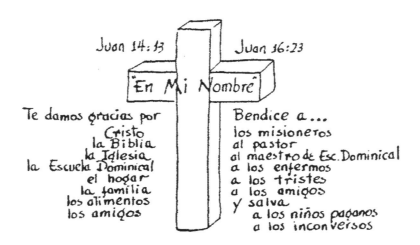

La Oración Aceptable

Señale al Señor Jesucristo como Aquel en cuyo nombre oramos.

1. Oración al Padre.
2. Oración en el nombre del Hijo.
3. La intercesión del Espíritu.

Nuestro Dios no es como los otros dioses. Los dioses de los paganos son ídolos o demonios. Nuestro Dios es el que hizo el cielo y la tierra, y ha sido tan bondadoso, que ha consentido en ser nuestro Padre por medio del Señor Jesucristo.

Sólo hay un Dios. Si hablamos del Padre, el Hijo y el Espíritu Santo, esto no quiere decir que creamos en tres dioses. Dios es uno, pero en tres personas. Cada uno de nosotros es también una persona, pero tiene cuerpo, alma y espíritu.

Cuando oramos, nuestras oraciones tienen algo que ver con las tres personas de la Trinidad. Oramos a Dios el Padre, quien contesta nuestras oraciones. El Señor Jesucristo dijo a sus discípulos en Juan 16:23 que pidieran al Padre. El Padre no es un Ser alejado y extraño que no tiene interés en oír nuestras oraciones. El nos ama mucho más de lo que nos aman nuestros padres, y también le gusta oír nuestras oraciones y contestarnos, siempre que pidamos lo que conviene.

Nunca podríamos orar sin el Señor Jesús, porque pedimos en su nombre. Uds. han visto cheques, ¿verdad? Los cheques tienen valor sólo cuando van firmados. Un cheque por cien pesos no valdría más que un pedazo de papel si no llevara abajo la firma de alguien que tiene dinero en el Banco. Algunas gentes oran en su propio nombre. Sus oraciones no valen más que un pedazo de papel. Si pensamos por un momento que Dios va a contestar nuestras oraciones por lo que nosotros somos, o porque hemos hecho alguna cosa buena, esas oraciones irán a parar a la canasta de papeles de Dios. El contesta únicamente las oraciones hechas en el nombre de Jesús. Jesús dijo: "Y todo lo que pidierais al Padre en mi nombre, esto haré" (Juan 14:13). Esto no quiere decir que solamente tenemos que agregar "en el nombre de Jesús" al final de la oración. Quiere decir que lo que uno pide, lo pide a causa de lo que Jesús hizo al morir en la cruz por nosotros. Hay muchas oraciones que nunca se harían si realmente pensáramos en esto. Las oraciones egoístas quedarían eliminadas. Y hay muchas oraciones que no nos acordamos de hacer, y que haríamos si recordáramos la cruz de Jesús y todo lo que El hizo allí por nosotros.

Pero esto no es todo lo que se puede decir de la oración. Todos nosotros hemos visto banquillos de tres patas que se paran muy bien. Si tuvieran solamente dos, se caerían. De igual manera hay una tercera parte de la oración que la hace sostenerse delante de Dios.

Nosotros realmente no sabemos cómo orar. Algunas veces pedimos cosas que no debiéramos pedir; pero más a menudo no pedimos las cosas que debiéramos. !Son tantas las veces que no pedimos lo que conviene! Pero Dios ha hecho una provisión para todos nosotros. El Espíritu Santo, la Tercera Persona de la Trinidad, ora con nosotros y por nosotros. Romanos 8:26 dice que El ora por nosotros, porque nosotros no sabemos cómo pedir como conviene, pero él sabe la voluntad de Dios y puede pedir como se debe. Las oraciones del Espíritu van al Padre con las nuestras, y Dios contesta según su buena voluntad. Ya sea que nos conteste "Sí", "No", o "Espera", podemos estar seguros de que esa es la contestación acertada y, algún día, aunque tengamos que esperar un largo tiempo, comprenderemos cuánta razón tenía nuestro Padre al hacer lo que hizo por nosotros.

PARA EL CUADERNO DE NOTAS: Haga énfasis en que Dios el Padre no oye a ninguno que no ore por medio de Dios el Hijo.

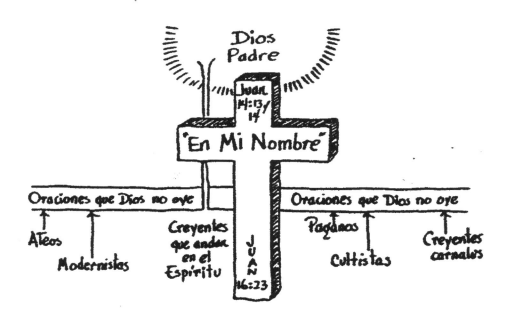

LA *La Oración Aceptable* LE

Señale al Señor Jesucristo como Aquel que nos hace capaces de orar de manera aceptable.
Las condiciones de la oración aceptable.
¿Quiénes pueden orar?

1. El perdón de nuestros pecados.
2. La fe.
3. Dejar la iniquidad.
4. Perdonar a otros.
5. Conforme a su voluntad.

En la lección de la semana pasada dijimos que no todos pueden orar. Sólo los que han creído en el Señor Jesucristo pueden orar a Dios. Jesús dio a entender que ninguno podía orar al Padre, a menos que sus pecados hubieran sido lavados. "Nadie viene al Padre sino por mí".

Ustedes saben que todos los juegos tienen sus reglas. Cuando uno juega damas no puede correr por todo el tablero como se le antoje. Hay que seguir las reglas. Así también hay reglas para la oración, y si no las observamos, Dios no podrá contestar nuestras oraciones.

La primera regla es que debemos creer. No sólo creer en el Señor Jesús para el perdón de nuestros pecados, sino también creer que Dios oye y contesta la oración. Jesús dijo: "Y todo lo que pidiereis en oración, creyendo, lo recibiréis" (Mat. 21:22). Cuando el Espíritu Santo nos da esa fe verdadera, entonces podemos orar con la confianza de que Dios nos contestará. Se cuenta la historia de una mujer que vivía al pie de una colina. Ella deseaba que esa colina desapareciera de allí. Había leído en la Biblia que si tuviésemos fe como un grano de mostaza, podríamos pedir que un monte desapareciera, y desaparecería. Decidió, por tanto, pedirle a Dios que quitara esa colina de su lugar. Por la noche pidió a Dios, "Señor, quita esa colina que está enfrente de mi casa". A la mañana siguiente se levantó y miró por la ventana, y allí estaba la colina todavía. "Ya lo sabía yo", se dijo a sí misma, "que no se iba a quitar". Como Uds. ven, ella realmente no creía que Dios contestaría su oración. No tenía verdadera fe. Además, me temo que la razón por qué ella quería que se quitara la colina era puramente egoísta, y esa clase de oraciones no las contesta Dios.

En el Salmo 66:18 leemos: "Si en mi corazón hubiese yo mirado a la iniquidad, el Señor no me habría escuchado." Si estamos reteniendo algún pecado, acariciándolo y guardándolo en nuestros corazones, nuestras oraciones no pueden ser contestadas. Si le confesamos nuestros pecados, El nos perdonará nuestros pecados, y entonces podrá oír nuestras oraciones.

"Y cuando estéis orando, perdonad. . ." (Marcos 11:25). ¿Lo ha ofendido alguien a usted? Si Ud. guarda ese resentimiento y no perdona, esa falta de perdón en su corazón impedirá que sus oraciones lleguen hasta Dios. Por supuesto, uno no puede pedirle a Dios todo lo que se le antoje. Yo podría pedir a Dios que me diera un millón de dólares, pero no me lo daría porque no sería su voluntad. "Si pedimos alguna cosa conforme a su voluntad, él nos oye" (I Juan 5:14). Si nosotros deseamos por encima de cualquier otra cosa, hacer lo que agrada al Señor Jesús, él nos revelará su voluntad, y entonces podremos orar teniendo la seguridad de que contestará nuestras oraciones.

PARA EL CUADERNO DE NOTAS: Deje a los niños que hagan las letras iniciales con todos los adornos que quieran. Pueden escribir con la letra de molde, con letra gótica, o iluminar los caracteres a colores. Procure que se sientan orgullosos de que su cuaderno sea tan bonito y tan artístico como les sea posible.

REGLAS PARA LA ORACION

1. Hay que ser salvo. Juan 14:6.
2. Creer que él contestará su oración. Mat. 21:22.
3. No retener ningún pecado. Salmo 66:18.
4. Perdonar a los demás. Marcos 11:25.
5. Pedir conforme a la voluntad de Dios. I Juan 5:14.

BANCO del CIELO

Páguese a la orden de _____

todo lo que pidiere en mi NOMBRE.

Juan 14:14

La Oración Aceptable

Señale al Señor Jesucristo como Aquel que habita con nosotros y con quien podemos hablar constantemente.

Orando y haciendo.
1. Nuestro Dios es nuestro Padre.
2. La oración debe ser sin cesar.

Cuando los paganos oran a sus ídolos, piensan que deben hacer alguna gran cosa para que sus ídolos no los aborrezcan. Ellos temen a sus dioses y piensan que éstos procuran constantemente hacerles daño. Por esto, cuando les piden, no los aman, porque no tienen ninguna idea de un ídolo bondadoso y amoroso.

Cuando nosotros oramos, si hemos sido salvos, sabemos que no estamos pidiendo a un Dios airado, porque Dios es nuestro Padre. El no nos aborrece, sino nos ama, y anhela hacernos bien. Por eso es que nos gusta pedirle y confiamos en que él contestará nuestras oraciones de la mejor manera posible.

Ustedes recuerdan la historia del hijo pródigo, que abandonó a su padre y gastó todo su dinero en cosas malas. Cuando ya lo había malgastado todo, regresó a suplicarle que lo tomara aunque fuera como jornalero, para que a lo menos tuviera suficiente que comer. Pero el padre salió a recibirle y lo abrazó, le perdonó todo lo malo que había hecho, y lo recibió en su hogar otra vez, no como un criado, sino como su propio hijo. Así es nuestro Padre Dios. Nosotros hemos pecado y le hemos ofendido, pero El nos ama y nos perdona. Por eso nos acercamos a El en oración diciéndole, "Padre nuestro". Y El es mucho más amoroso que cualquier padre de la tierra, porque nos ama con amor perfecto.

Cuando yo era un niño muy chiquito, la única oración que sabía era una estrofa en inglés que empieza: "Ahora me acuesto a dormir". Esa era la oración que repetía todas las noches, pero después aprendí que orar no es solamente repetir algunas líneas en verso como ésas. Orar es hablar con Dios, y en cualquier momento podemos hablar con él. No necesitamos esperar hasta que anochezca y llegue la hora de acostarnos para hablar con él. Antes de comer, nos gusta detenernos un momento para darle gracias por habernos dado el alimento, y muchas veces durante el día tenemos otras cosas de que hablarle. Hay un versículo en la Biblia que dice: "Orad sin cesar". Esto no quiere decir que constantemente debemos estar diciendo alguna oración, sino más bien que hablemos con Dios todo el día, como hablaríamos con nuestro mejor amigo. Por supuesto, hay momentos especiales en que necesitamos hablar con él para pedirle alguna cosa que necesitamos, y para darle gracias por lo que ha hecho por nosotros, pero hay muchas otras ocasiones en que también podemos hablar con él.

Satanás se disgusta mucho cuando oramos, y hace todo cuanto puede para evitar que hablemos con Dios. Por eso no debe sorprendernos que no se nos haga fácil orar. Cada vez que empezamos a orar, Satanás nos hace pensar en que tenemos que hacer alguna otra cosa. Pero si nosotros verdaderamente amamos a Dios, El quitará a Satanás de en medio, y entonces podremos orar con gozo a nuestro Padre Celestial.

No debemos orar sólo por nosotros mismos, porque eso sería egoísmo. Debemos orar por nuestros amigos y por los que no conocen al Señor Jesús, tanto en esta tierra como en las que quedan más allá del mar. Y más que todo, debemos decir cada día al Señor Jesús que le amamos y que lo que más deseamos en este mundo, es agradarle en todo lo que hacemos.

PARA EL CUADERNO DE NOTAS: Procure que los niños comprendan que el Señor Jesús está cerca de ellos.

VEANSE LAS PREGUNTAS SOBRE LA
ORACION ACEPTABLE EN LA PAG. 101.

El Cristianismo Práctico

Señale al Señor Jesucristo como el que nos da el poder para hacer buenas obras.

Una canoa en el océano.
1. Las buenas obras en una persona inconversa.
2. Las buenas obras en una persona salva.

Una canoa es un buen bote para un lago. Es bastante segura, y no hay nada más agradable que remar sobre la superficie tersa del agua en un día de sol. Pero la canoa sería un bote muy inadecuado para el océano, especialmente en una tempestad. Si uno se viera atrapado en una gran tormenta en el Atlántico, navegando en una canoa, estaría casi seguro de ahogarse.

De igual manera, los que no conocen al Señor Jesucristo hacen muchas cosas "buenas". A menudo son bondadosos, son trabajadores, dan dinero a los pobres, etc. Pero estas cosas no son realmente buenas a los ojos de Dios. El dice que los que están en "la carne" - esto es, los que no han nacido otra vez, no pueden agradar a Dios. Tal vez las cosas que hacen sean buenas delante de los hombres, pero no delante de Dios. El dice que "todas nuestras justicias son como trapo de inmundicia" ante sus ojos (Isa. 64:6). Si así es como se ven las buenas obras de los inconversos delante de Dios, fácilmente se puede comprender por qué no se pueden salvar por medio de ellas. "Porque por gracia sois salvos por la fe; y esto no de vosotros, pues es don de Dios: no por obras, para que nadie se gloríe" (Ef. 2:8,9).

Y entonces, ¿qué se hace con las buenas obras? ¿Tiene el creyente alguna responsabilidad de hacer buenas obras, o puede vivir como le dé la gana? La contestación se encuentra en otro versículo, en Ef. 2:10 - "Porque somos hechura suya, criados en Cristo Jesús para buenas obras, las cuales Dios preparó para que anduviésemos en ellas". El verdadero objeto de habernos salvado es para que hagamos buenas obras, porque después que el Señor ha quitado nuestros pecados, ya caben en nuestra vida obras que aun Dios considera buenas.

¿Se han fijado Uds. que la palabra "obras" se encuentra dos veces en esos dos versículos? No por obras... creados en Cristo para buenas obras. Dios maldice a las primeras y bendice a las segundas. Los inconversos ven esas primeras obras como la raíz de donde ha de crecer la salvación. Pero los creyentes se salvan por la fe en Cristo y tienen esta salvación como la raíz de donde han de crecer las buenas obras como fruto. Uds. pueden ver que hay una gran diferencia entre obras que son raíz y obras que son fruto.

La Biblia describe este fruto como un racimo de uvas de nueve partes. "Mas el fruto del Espíritu es amor, gozo, paz, tolerancia, benignidad, bondad, fe, mansedumbre, templanza" (Gal. 5:22, 23). Cada parte de este fruto debería crecer en la vida de cada creyente.

Todos nosotros deberíamos ser muy prácticos. Alguien preguntó a María si su hermanito era de veras convertido. Ella contestó: "Creo que sí, porque ya no tira de la cola al gato como antes". Ese es un buen testimonio, cuando aun el gato se da cuenta de que ya hay nueva vida en nuestros corazones. Ese es el fruto de benignidad. Si decimos que somos creyentes y no lo mostramos en las cosas pequeñas de la vida, debemos pedirle a Dios que nos siga cambiando para que el fruto se vea en nosotros. Una niñita que ayudaba a su mamá a poner la mesa, siempre ponía un plato rajado en el lugar de su hermano, hasta que se convirtió. De allí en adelante ya lo ponía en su propio lugar y le daba a él el bueno. Ese es el fruto de amor y de bondad.

La única manera de hacer que este fruto crezca en nuestras vidas es dedicándole tiempo a Dios, estudiando su Palabra y orando, así como tenemos que atender un jardín cada día para que produzca buenas flores. Tenga un tiempo definido y un plan definido para leer la Biblia. Léala diariamente, sin dejar pasar un sólo día. Cada vez que tome la Biblia, pida a Dios que la use para alimentar su nueva vida y para hacer que el fruto del Espíritu crezca en su corazón. El contestará esa oración si Ud. de veras tiene ese propósito.

PARA EL CUADERNO DE NOTAS: Que los niños den ilustraciones prácticas de cómo se muestra cada una de las nueve "gracias" que forman el fruto del Espíritu.

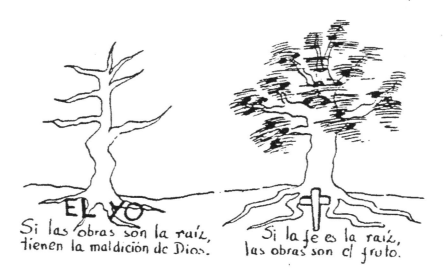

Si las obras son la raíz, tienen la maldición de Dios.

Si la fe es la raíz, las obras son el fruto.

El Cristianismo Práctico

Señale al Señor Jesucristo como el que puede hacer que el cristianismo sea práctico.

La bomba del pozo seco.
1. El propósito de la salvación.
   (a) Hacernos semejantes a Cristo.
2. ¿Cómo puede esto realizarse?

Hay en el campo un pozo que antes tenía agua buena y fría y que ahora está seco. Pero la bomba todavía está colocada sobre el pozo. ¿Irían Uds. a mover el mango de la bomba para arriba y para abajo el día entero, día tras día? !Ya lo creo que no! Se necesitaría estar loco para hacer eso. Cuando uno le da a la bomba quiere sacar agua y no sólo aire.

Dios no nos salvó sólo por estar haciendo algo. Tenía una razón para salvarnos, pues de no haberla tenido, sería como estar bombeando un pozo seco. El propósito de Dios es admirable. Uds. sin duda recuerdan la historia de Pedro, quien al principio tenía mal genio y siempre se estaba metiendo en dificultades. También era cobarde, y tuvo miedo de confesar a su Señor aun delante de una sirvienta. Pero después Pedro se hizo valeroso, y no tuvo miedo de ser azotado y aun encarcelado por la causa de Cristo. Se había vuelto semejante a Jesús. En Romanos 8:29 se nos dice que el propósito de Dios al escogernos era hacernos conformes a la imagen de Cristo, que dicho en otras palabras, quiere decir que nos hará semejantes a él. El Señor Jesucristo es perfecto, y nosotros estamos muy lejos de ser perfectos. ¿De qué manera nos hace Dios semejantes a Jesús?

La primera cosa que hace es salvarnos por su sangre. Nosotros somos pecadores. Tenemos una naturaleza vieja que está llena de pecado y que no puede hacer nada que agrade a Dios. Por eso Dios mandó al Señor Jesús a morir por nosotros y a derramar su sangre para limpiar nuestros corazones. Esto es el principio de su obra para hacernos semejantes a Jesús, porque cuando nos quita el pecado nos da su justicia, que es exactamente como la del Señor Jesucristo.

Pero aun después de tener limpios nuestros corazones, muchas veces pecamos. Necesitamos ser limpiados todos los días. Uno tiene que lavarse las manos muchas veces durante el día, aunque se las haya lavado bien en la mañana. Así Dios sigue limpiando nuestros corazones con la sangre de Cristo día tras día. En I Juan 1:7 y 9 tenemos dos versículos que nos hablan de esto.

Ahora no podemos ver a Jesús, pero mirándolo nos volvemos semejantes a El. Dirá alguno: Eso es imposible. ¿Cómo puede uno mirarlo si no lo puede ver? Tomen sus Biblias y busquen

II Cor. 3:18. Allí leemos que a medida que miramos, como en un espejo, la gloria del Señor, somos transformados a la misma semejanza. Al mirar un espejo que esté colocado de cierta manera, uno puede ver cosas que estén a la vuelta de la esquina o detrás de uno. Así vemos a Jesús al mirar el espejo, y ese espejo es la Biblia. Cada vez que leemos la Biblia estamos mirando a Jesús, porque todo el libro fue escrito acerca de él. Pruébelo y verá. Lea su Palabra y Dios le hará más semejante a él.

Además, tenemos al Espíritu Santo en nosotros para hacer esta obra, pues en II Cor. 3:18 dice que se hace "como por el Espíritu del Señor". La conversación con el Señor Jesucristo le hace a uno más semejante a él también. El nos ama y quiere que le pidamos a El. La oración nos cambiará y nos hará más semejantes a Jesús.

PARA EL CUADERNO DE NOTAS: Deje que los niños den sus propias respuestas a las preguntas. Anímeles a que escriban el versículo artísticamente. Un cuaderno aseado glorifica al Señor.

I. ¿Por qué nos salvó Dios?
   (a) Dios nos salvó para hacernos como el Señor Jesucristo.

II. ¿Cómo nos hace Dios semejantes a Cristo?
   (a) Salvándonos.
   (b) Limpiándonos día a día.
   (c) Por medio de su Palabra.
   (d) Por medio de su Espíritu.

Mirando... como en un espejo la gloria del Señor, somos transformados...
II Corintios 3:18

El Cristianismo Práctico

Señale al Señor Jesucristo como Aquel que hace testigos suyos.

Alistándonos para el cielo.
1. Por qué nos deja Dios en el mundo.
2. Cómo podemos ser testigos.

Desde el momento en que somos salvos ya estamos listos para el cielo, pues lo que nos prepara para ese lugar es tener nuestros corazones limpios por la sangre de Cristo, y eso sucede, como Uds. saben, en el momento en que creemos en El como nuestro Salvador. Tan listos estamos para entrar al cielo un minuto después de haber creído, como despues de haber sido salvos cincuenta años. Nuestra preparación consiste en lo que Cristo es y lo que hizo por nosotros, y no en lo que nosotros seamos o podamos hacer por nuestra cuenta.

Entonces, ¿Por qué será que no nos lleva al cielo inmediatamente? ¿Por qué nos deja aquí en este mundo? Por supuesto que el cielo es mucho mejor que este mundo, y sería inmensamente mejor partir para allá en el momento de ser salvos. Pero a Dios le asiste una buena razón para dejarnos aquí, y el Señor Jesús nos la explica en Hechos 1:8, cuando dice: "Y me seréis testigos". Eso es lo que quiere que seamos cada uno de nosotros que pertenecemos a él.

¿Qué es un testigo? Un testigo es uno que dice lo que sabe, lo que ha visto u oído. Como testigos del Señor Jesucristo decimos lo que sabemos de él por medio de su Palabra. ¿Qué es lo que sabemos para poder decirlo a los demás?

En primer lugar sabemos que todos los hombres son pecadores. Romanos 3:23 lo enseña muy claramente. También sabemos que Dios nos ama aun siendo pecadores. Romanos 5:8 nos lo dice. Luego sabemos que el amor de Dios fue tan grande que dio a su Hijo unigénito para que muriera por nosotros. Eso lo encontramos en Juan 3:16. Y sabemos que si los hombres creen que El murió por ellos, los salvará y les dará vida eterna. Hechos 16:31 es el versículo que nos declara esta gran realidad.

Si de veras sabemos estas cosas, estamos en la obligación de decirlas a los que no las saben. Algunos creerán y otros no, como siempre sucede. Nuestra tarea no es hacer que la gente crea, sino hablarles del Señor. Sólo Dios mismo les puede dar fe, como leemos en Ef. 2:8: "Porque por gracia sois salvos por la fe; y esto no de vosotros, pues es don de Dios". Nosotros no podemos darles fe, pero el Espíritu Santo la dará si nosotros somos fieles en testificar.

Algunos testigos tienen mucho éxito. Con esto queremos decir que muchos de aquellos a quienes ellos hablan aceptan al Señor Jesucristo como su Salvador. ¿En qué consiste que unos son mejores que otros en este trabajo? No es porque sean más sabios o más instruidos que otros, sino porque se han entregado más completamente al Espíritu Santo, cuyo poder nos hace que seamos buenos testigos. Hechos 1:8 dice: "Pero recibiréis poder, cuando haya venido sobre vosotros el Espíritu Santo, y me seréis testigos". No podemos ser testigos sin el poder del Espíritu Santo.

Cuando Jesús llamó a algunos de sus discípulos a que lo siguieran, estaban en un barco pescando. Les dijo: "Venid en pos de mí, y os haré pescadores de hombres" (Mat. 4:19). Ellos lo siguieron, y tuvieron mucho éxito como testigos. Eso es lo que quiere decir ser "pescador de hombres". El día de Pentecostés, cuando Pedro, uno de los pescadores, predicó al pueblo, tres mil se salvaron. Eso se debió al poder del Espíritu. Pedro de por sí nunca lo hubiera podido hacer. Ese mismo Espíritu Santo está listo para ayudarnos a nosotros, si nosotros se lo permitimos.

PARA EL CUADERNO DE NOTAS: Deje que los niños dibujen su propia ilustración. Procure obtener una buena variedad de ideas. Esta se da como una ayuda en caso de que alguno necesite una idea.

¡ Demos a otros las Buenas Nuevas!

¡ Vamos!

Mat. 4:19

Venid en pos de mí y os haré pescadores de hombres.

El Cristianismo Práctico

Señale al Señor Jesucristo como el que debe ser Señor de nuestras vidas.

Cómo ser salvos.
1. Cristo como Salvador.
2. Cristo como Señor.
3. Por qué debemos someternos a El.
4. Lo que El hará con nuestras vidas.

La única manera de ser salvados es por medio de nuestro Señor Jesucristo. El murió en la cruz para llevar nuestro castigo. Si creemos eso, entonces El es nuestro Salvador y estamos seguros para siempre, porque El ha prometido guardarnos. Pero la vida cristiana no consiste sólo en ser salvo, así como para atravesar el océano no es suficiente meterse en una embarcación. Es cierto que uno no puede cruzar el océano sin meterse en el barco, pero si después de meterse, nadie hiciera nada, sería un viaje muy raro. Hay cristianos que viven esa clase de vida - dejándose llevar por la corriente, sin ningún propósito. Eso no es lo que Dios quiere que hagamos, pues tiene un plan para nosotros.

Los hombres que construyen un gran edificio no reúnen la madera, los ladrillos y el cemento de cualquier manera. Tienen un plano. Tal vez Ud. ya ha visto uno de esos planos, que también se conocen con el nombre de heliografías, y son una gran hoja de papel azul con líneas blancas, que indican exactamente cómo se ha de hacer el edificio. Dios también tiene un plano o plan para su vida, tan exacto como esos planos de los constructores. En Ef. 2:10 leemos:- "Porque somos hechura suya, criados en Cristo Jesús para buenas obras, las cuales Dios preparó para que anduviésemos en ellas". Piense en esto: Dios ya tenía un plan para su vida mucho antes de que Ud. naciera. Es un plan maravilloso, el mejor que se podría haber hecho.

Siendo que Dios ya tiene un plan para Ud., ¿qué es lo que Ud. debe hacer? Algunos creyentes cometen la equivocación de pensar que ellos deben dirigir sus propias vidas. ¿Qué sucedería si alguien que no sabe nada de construcciones tratara de edificar un rascacielos? Esa persona arruinaría los planos y echaría a perder el edificio. Se necesita una persona que sabe cómo hacer esas cosas. De igual manera nuestras vidas necesitan uno que sepa edificarlas de acuerdo con su plan, y ese no es otro más que Dios. Nosotros no podemos edificar nuestras vidas como se debe. Eso lo puede hacer sólo Dios.

¿Qué debemos hacer entonces? La contestación la encontramos en una sola palabra: Rendirse. Esto significa darle nuestras vidas y nuestros corazones a Dios y pedirle que él los maneje. Esto quiere decir que no haremos nuestra propia voluntad, sino la de él.

¿Por qué debemos entregarle nuestras vidas? Hay muchas razones. Si Jesús murió por nosotros, ya no nos pertenecemos a nosotros mismos, porque hemos sido comprados al precio de su sangre. El nos ha justificado y nos ha hecho sus hijos. Ya no tenemos derecho de hacer lo que se nos antoje, siendo que él ya sabe lo que quiere hacer de nosotros. Su senda es maravillosa, mil veces mejor de como nosotros pudiéramos trazarla. A veces se nos ocurre que nosotros podríamos haber hecho un plan mejor, pero esa es una equivocación. El sabe todas las cosas, y él nos llevará por el buen camino.

Lo primero que tenemos que hacer es entregarle nuestras vidas, diciéndole: "Señor Jesús, tú moriste por mí, y yo te doy no sólo mi corazón sino mi vida, para que sea toda tuya". Y después, día tras día, hora tras hora, minuto tras minuto, debemos cumplir esa promesa. Satanás nos tentará para que hagamos lo que no conviene, pero debemos decirle que no, porque ya pertenecemos a otro. El Señor Jesús puede guardarnos, y nos guardará.

PARA EL CUADERNO DE NOTAS: ¿Cómo podemos saber el plan de Dios para nuestras vidas? Dios tiene un plan para cada uno de nosotros. Ef. 2:10. Podemos conocer ese plan únicamente si dejamos que él sea nuestro Señor y le obedecemos como un soldado debe obedecer a su capitán. Lo primero que tenemos que hacer es decidir que él va a dirigir nuestra vida, y luego, dejar que la dirija cada día para que no nos apartemos de su camino.

VEANSE LAS PREGUNTAS SOBRE EL CRISTIANISMO PRACTICO EN LA PAG. 101.

La Segunda Venida de Cristo

Señale al Señor Jesucristo como el que viene.
El maestro debiera leer "Jesús Viene" por W. E. Blackstone.

1. Jesús se va de la tierra.
2. La promesa.
3. El orden de los eventos.

Después de la resurrección del Señor Jesucristo, sus discípulos lo vieron muchas veces. Les habló de muchas cosas, pero no se quedó con ellos para siempre, pues llegó el día en que tuvo que separarse de ellos. Los sacó fuera de la ciudad y los llevó al monte que se llama Monte de los Olivos. Allí les prometió que recibirían poder cuando el Espíritu Santo descendiera sobre ellos, y que serían testigos suyos. Mientras les hablaba, se elevó de la tierra y ascendió al cielo. Los discípulos estuvieron mirándole hasta que una nube lo encubrió de sus ojos. Después siguieron viendo hacia arriba en la dirección en que lo habían visto desaparecer, tal vez pensando que regresaría otra vez.

Mientras ellos estaban así con los ojos puestos en el cielo, se les aparecieron dos ángeles vestidos de blanco, y les dijeron: Varones galileos, ¿por qué estáis mirando al cielo? Este mismo Jesús que ha sido tomado de vosotros arriba en el cielo, así vendrá otra vez como le habéis visto ir al cielo. Pero volved a Jerusalén y esperad la promesa del Espíritu Santo, según El os dijo.

Esa promesa que les hizo Jesús de volver otra vez era muy clara. No subió al cielo para quedarse allí para siempre. El volverá a la tierra. Esto es lo mismo que ya les había dicho en Juan 14:1-3: "Vendré otra vez y os tomaré a mí mismo". Tenemos, pues, la seguridad de su palabra de que ha de venir otra vez.

También nos enseña esto mismo el Antiguo Testamento. En el cap. 11 del libro de Isaías leemos que todos los animales salvajes se amansarán; que las serpientes ya no morderán. Eso todavía no ha sucedido, pero sucederá cuando Jesús vuelva. Entonces también habrá paz en la tierra como nunca se ha tenido jamás.

Pero, ¿cómo vendrá, y qué es lo que hará?

La segunda venida de Jesús es algo así como la primera, en cierto sentido. No se verifica toda de una vez. En su primera venida tenemos la estrella, el canto de los ángeles, la tentación, los milagros, la transfiguración, la crucifixión y la resurrección. También cuando él venga sucederán muchas cosas.

Ya hace siglos que Jesús nació, y no sabemos cuánto tiempo falta para que regrese. Pero algún día, que aun pudiera ser hoy mismo, El volverá; no de una vez a la tierra, sino al aire. Entonces nos llamará para estar con él, y todos los creyentes que estén vivos, serán transformados a la semejanza de Jesús. De este modo nos llevará al cielo con él. Todo esto lo leemos en I Tes. 4: 13-18. Busquemos ese pasaje y leámoslo juntos.

Después de ese evento transcurren siete años de tiempo angustioso para la tierra. ¿Pueden Uds. imaginarse lo que será este mundo cuando no haya aquí ni un solo creyente? Eso es precisamente lo que sucederá cuando Cristo venga, porque él sacará a todos los creyentes de este mundo. Mientras tanto, vendrán grandes juicios sobre la tierra: hambres, terremotos, pestes y guerras. Al final de estos siete años habrá una gran guerra, la mayor de todas. Mientras se está librando esa batalla, Jesús descenderá del cielo a la tierra, y nosotros vendremos con él. Jesús pondrá fin a la guerra y juzgará a las naciones, y establecerá su reinado de mil años sobre la tierra.

PARA EL CUADERNO DE NOTAS: Tal vez la clase puede cantar "Cuando El Venga" y dibujar la música.

La Segunda Venida de Cristo

Señale al Señor Jesucristo como Aquel a quien esperamos cada día.

Nuestra lección de hoy se relaciona con la parte de la segunda venida de nuestro Señor Jesucristo que se llama el arrebatamiento. Es la primera cosa que sucederá entre los distintos eventos de su venida.

En primer lugar, ¿qué es? Hay varios pasajes en la Sagrada Escritura que nos indican claramente lo que es. Recordemos aquel gran pasaje del cap. 14 de San Juan. El Señor Jesús les había dicho a sus discípulos que estaba para irse, y ellos se entristecieron mucho. Pero él para consolarlos les dijo que no se turbara su corazón, porque iba a preparar un lugar para ellos, y al prepararles lugar, dijo que volvería otra vez y los recibiría a sí mismo, para que estuvieran con él para siempre. Y después de haber ascendido Jesús al cielo, el Espíritu Santo les explicó más detalladamente esta parte de su venida.

Cuando Pablo estuvo en Tesalónica, enseñó a los creyentes que debían esperar al Señor en cualquier momento. Al levantarse en la mañana, podían decirse a sí mismos y al Señor: !Tal vez vuelva hoy! !Tal vez venga antes de la tarde! Y en la noche al acostarse podían decir: !Tal vez venga antes de que amanezca! Pero llegó un día en que murió alguno de sus seres queridos, tal vez el papá, la mamá, un hermano o una hermana. Inmediatamente preguntaron al apóstol Pablo si esos seres queridos, cuyos cuerpos habían sido depositados en la tumba, se quedarían de último, y los que estuvieran vivos serían los primeros en ver al Señor. Pablo les contesta en I Tes. 4:13-18 que no deben ignorar acerca de sus seres queridos, porque Dios no quiere que los creyentes se entristezcan como los inconversos que no tienen esperanza de resurrección. Con la misma seguridad con que creemos que Jesús murió y resucitó, debemos creer que traerá con El, en su segunda venida, los espíritus de nuestros amados que han muerto. Nosotros no nos adelantaremos, pero en un momento, en un abrir y cerrar de ojo, los muertos en Cristo resucitarán primero. Observe que los muertos que no están en Cristo no resucitan entonces. Tan pronto como los cuerpos de estos creyentes muertos salen de las tumbas y se unen a sus espíritus que han venido del cielo, todos los creyentes vivos serán transformados y serán semejantes al Señor Jesús.

Se entiende que sólo los creyentes serán arrebatados para salir a recibir al Señor. Sin duda Uds. saben cómo funciona un imán, ¿verdad? Levanta al hierro o al acero, pero no atrae al estaño ni al níquel. Si se hace un montoncito de limaduras de hierro y se le revuelve aserrín, al pasar un imán encima, el imán atrae a las limaduras de hierro, pero el aserrín se queda sobre la mesa como si el imán no le hubiera pasado ni cerca. De la misma manera, cuando el Señor Jesús venga, los que han nacido de nuevo saldrán a recibirle, pero no así los inconversos.

En I Corintios 15:51-53 aprendemos algo más de lo que ha de suceder a los creyentes. Pablo escribe: "He aquí, os digo un misterio: No todos dormiremos, mas todos seremos transformados, en un momento, en un abrir y cerrar de ojos, a la final trompeta; y los muertos serán resucitados incorruptibles, y nosotros seremos transformados". ¿Cuál será este cambio? ¿Cómo seremos transformados? En I Juan 3:2 dice que seremos semejantes al Señor Jesús cuando le veamos tal como es. Y Fil. 3:21 dice que cuando el Señor Jesús venga, El cambiará nuestros cuerpos para que sean semejantes a su cuerpo glorioso. Ya nuestros pecados habrán desaparecido, y ya ni siquiera tendremos la naturaleza vieja.

Será una cosa maravillosa ver a Jesús y ser hechos semejantes a El. Cada día esperamos que venga, porque él dijo: "He aquí, yo vengo pronto" (Apoc. 22:12). El no nos dijo cuando volvería, pero nos dejó esperándolo cada día. Tal vez hoy sea el día que venga. No hagamos nada que no quisiéramos estar haciendo cuando él venga.

PARA EL CUADERNO DE NOTAS: Que los niños hagan su dibujo a medida que Ud. vaya dando la explicación y revise cada punto mientras ellos dibujan. Tenga a mano unas reglas cortas para que los niños tracen las líneas, o si prefieren, que las hagan libremente como en el bosquejo que va aquí abajo.

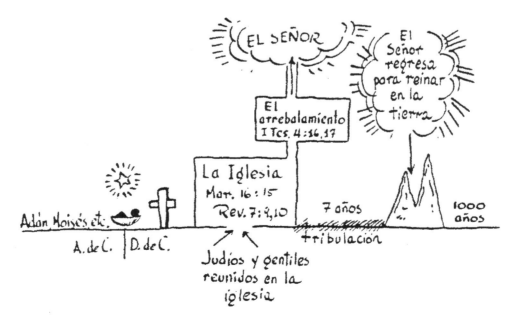

La Segunda Venida de Cristo

Señale al Señor Jesucristo como el Rey que viene.

Cuando Cristo venga.
1. La Gran Tribulación.
2. El regreso de Cristo a la tierra.

Será una cosa gloriosa para los creyentes cuando Cristo venga, porque irán a estar con El para siempre. Sus cuerpos serán semejantes al de Cristo y vivirán para siempre con El. No podría haber cosa mejor. Pero, ¿pueden Uds. pensar lo que les sucederá a los que no son creyentes? Porque ellos se quedarán aquí. Ni uno de los que no creen en el Señor será tomado cuando él venga. Vendrá el día en que todos los creyentes desaparecerán. Los inconversos los andarán buscando pero no los hallarán, porque habrán desaparecido.

!Qué lugar más terrible será el mundo cuando ya no estén los creyentes aquí! Entonces todos los perversos harán lo que se les antoje. Y entonces también Dios comenzará a juzgar la tierra. Vendrá juicio sobre juicio. Habrá guerras, hambres, enfermedad y muerte. En medio de todo eso muchos creerán en el Señor Jesús. Todos los judíos y muchos gentiles llegarán a creer en él. Tendrán un tiempo muy difícil, porque habrá tantos inconversos, y los juicios sobre la tierra serán tan terribles, que muchos de ellos tendrán que morir por la causa de Cristo.

Durante este tiempo, que durará siete años, se levantará un gran gobernante que procurará establecer su reino sobre toda la tierra. Al principio parecerá muy bondadoso con los judíos, y les dejará tener su propia tierra, su templo y sus sacrificios; pero ellos no gozarán de estas ventajas mucho tiempo, porque él romperá el pacto que habrá hecho con ellos. Entonces comenzará una gran guerra. El mundo se dividirá en dos grandes bandos, y todos estarán peleando. Será una guerra mil veces peor que las que hemos conocido. Pero la cosa más notable es que ninguno de los dos lados va a ganar, porque en el momento peor de la guerra, en la gran batalla de Armagedón, como leemos en la Palabra de Dios, se verá una señal en el cielo -- la señal del Hijo del hombre. Y como el relámpago que brilla desde el oriente hasta el occidente, así vendrá el Señor Jesús. Esta vez no vendrá en el aire para llevarse a los suyos, porque esto ya habrá sucedido. Esta vez vendrá directamente a la tierra. Muchos años atrás, cuando se separó de los discípulos, ascendió desde el Monte de los Olivos, y a ese mismo monte ha de volver. Pondrá los pies sobre el Monte de los Olivos. Nosotros también vendremos con El, porque tenemos su promesa de que nunca más estaremos separados de El.

Cuando él venga, terminará la guerra y comenzará el juicio de las naciones. Los que han rechazado el Evangelio, predicado entonces por los judíos sus hermanos, serán juzgados, y los que habrán aceptado el Evangelio serán premiados. Entonces establecerá su reino sobre la tierra. No podemos imaginarnos nada tan grandioso como el reino de Cristo. Toda la tierra será cambiada. Ya no habrá más desiertos; todo será como jardines floridos. Ya no habrá más animales salvajes, porque todos, toditos serán mansos. Entonces, si uno quiere, podrá tener un león o un tigre como su animal favorito. Los niños podrán poner sus manos en los agujeros de las serpientes venenosas, sin temor de que les hagan daño, porque ya no habrá más ponzoña en ellas. Y lo mejor de todo será que el Señor estará reinando y hará que todos le obedezcan. Ya no habrá más guerra ni peleas: todo será paz, porque el Príncipe de Paz, nuestro Señor Jesucristo, estará aquí y será el Rey.

PARA EL CUADERNO DE NOTAS: (Las mismas sugerencias que para la lección anterior).

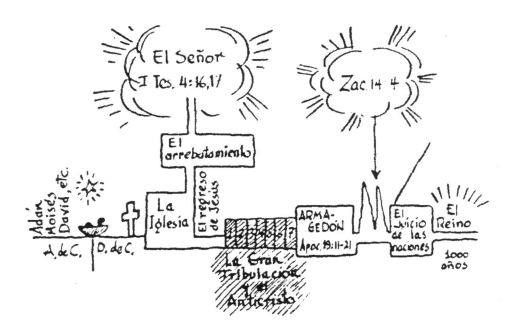

LA *La Segunda Venida de Cristo*

Señale al Señor Jesucristo como Aquel cuya venida nos hace celosos de buenas obras.

El efecto práctico de su venida:
1. Vivir diariamente por El.
2. Tener gozo a pesar de lo que suceda.
3. Testificar a otros.

Los creyentes sabemos que el Señor Jesucristo puede venir en cualquier momento, a llevarnos para estar con él. ¿Tiene esto algo que ver con nuestra manera de vivir? No tememos su venida, porque sabemos que él nos ve tan bien ahora mismo, estando en el cielo, como cuando venga y nosotros le veamos a él. Pero el momento de su venida será el momento más maravilloso que jamás hayamos experimentado. Y si al venir Jesús, nos encontrara haciendo algo que le disguste, o diciendo algo hiriente o alguna falsedad, o en algún lugar que no le agrade, echaríamos a perder para nosotros mismos aquel instante tan glorioso. No se trata de que no nos lleve porque estemos haciendo algo que le desagrade. El nos llevará porque somos salvos, y no porque nos estamos portando bien. !Pero piensen en lo triste que sería recibirle con la cabeza agachada y avergonzados de mirar su rostro! Y siendo que pudiera venir en cualquier momento, debemos estar siempre en actitud de espera.

En este mundo suceden cosas verdaderamente tristes. La gente se enferma y muere, y deja a sus seres queridos aquí llorándoles. Pero los creyentes no se entristecen como los del mundo. Los que no creen en el Señor Jesucristo no tienen esperanza, porque ellos jamás tendrán el gozo de vivir en el cielo con sus seres queridos. Pero cuando mueren los creyentes, sus amigos saben que han ido para estar con el Señor, y que allí están mil veces más felices que si todavía estuvieran aquí sobre la tierra. Además, tienen la esperanza del regreso de Cristo. Porque si sabemos que el Señor Jesucristo murió por nosotros y resucitó, también sabemos que los que mueren confiando en él volverán hasta la venida del Señor, no se adelantarán a los que han muerto, pues el Señor mismo descenderá del cielo con aclamación, con voz de arcángel y con trompeta de Dios; y los muertos en Cristo — los que han muerto creyendo en él, resucitarán primero. Luego nosotros, los que estemos todavía vivos y permanezcamos hasta la venida del Señor, seremos arrebatados en el aire, juntaménte con los que han muerto, para recibir al Señor en las nubes. Y así todos estaremos para siempre con el Señor. Estas son las palabras que Dios nos ha dejado para consolarnos en el dolor.

Pero el gozo de la venida del Señor no debe hacernos olvidar a los que no son salvos, los que se quedarán aquí cuando él venga. Ese será un tiempo terrible para los inconversos. Por eso deseamos tanto que sepan del Señor Jesucristo, para que crean y se salven y puedan ir a recibirle cuando venga. Desde luego, sabemos que no todo el mundo se convertirá. Por eso es que no estamos sólo tratando de mejorar las cosas aquí en la tierra, sino más bien de rescatar del poder de Satanás a cuantos podamos antes que el Señor venga. Si de veras creemos y sentimos lo que decimos, no dejaremos de anunciar a Cristo a nuestros amigos, trayéndoles para que conozcan a nuestro Salvador. Oraremos por ellos y por todos los que están anunciando a Cristo a la gente, pidiendo a Dios que los bendiga, para que muchas almas se conviertan al Señor.

PARA EL CUADERNO DE NOTAS: Mientras los niños dibujan la ilustración que sigue, explíqueles que los espíritus de los justos que han muerto están con Dios en el Paraíso, y que cuando Cristo los resucite les dará un nuevo cuerpo. Los cuerpos de los que no hayan muerto serán transformados, para que todos tengan un cuerpo incorruptible, incapaz de morir, como el de nuestro Señor Jesucristo cuando se levantó de entre los muertos.

Los justos muertos resucitan... I Tes. 4:16,17... y los muertos en Cristo resucitarán primero. Luego nosotros, los que vivimos... seremos arrebatados juntamente con ellos en las nubes...

Los perdidos no resucitan sino hasta más tarde.

VEANSE LAS PREGUNTAS SOBRE LA SEGUNDA VENIDA DE CRISTO EN LA PAG. 101.

CRISTO NUESTRO LIBERTADOR

1. ¿De qué éramos esclavos antes de haber creído en el Señor Jesús?
2. ¿Quiénes son esclavos del pecado?
3. (a) ¿Quién nos puede librar de tan temible amo?
   (b) ¿Cómo lo hizo?
4. ¿Pecan los creyentes alguna vez?
5. (a) ¿Es pecado ser tentado?
   (b) ¿Cómo lo sabe Ud?
6. ¿Puede uno librarse de la naturaleza vieja en esta vida?
7. ¿Cuándo nos libraremos de la naturaleza vieja?
8. ¿Cuáles son las dos mejores cosas que Ud. sabe acerca del cielo?
9. ¿Cómo pueden los creyentes guardarse del pecado?
10. ¿Por qué no puede la naturaleza vieja y pecaminosa ir al cielo?

LA OBRA DE CRISTO COMO PASTOR

1. ¿Quiénes son las ovejas del Señor Jesús?
2. ¿Por qué necesitaban ser salvados?
3. ¿Cómo las salvó?
4. ¿Hay alguna otra puerta para entrar al cielo además de Cristo?
5. ¿Qué más necesitan las ovejas, además de la salvación?
6. ¿Se perderá alguna de las ovejas de Jesús? Escriba un versículo que respalde su respuesta.
7. ¿Hay alguno que sea lo suficientemente fuerte para arrebatarnos de la mano de Jesús? Escriba un versículo que respalde su respuesta.
8. ¿Veremos algún día al Príncipe de los pastores? Y si es así, ¿cuándo?
9. ¿Qué les dará él a los creyentes cuando venga? ¿A dónde nos llevará?
10. (a) ¿Qué clase de vida viviremos si estamos esperando su venida?
    (b) Llene los espacios en blanco: El Buen Pastor. . . . . .por sus ovejas. El Gran Pastor . . . . .por sus ovejas. El Príncipe de los pastores .a sus ovejas.

LA ORACION AGRADABLE

1. ¿Qué es la oración?
2. ¿Quién puede orar de manera que Dios le oiga?
3. ¿Qué quiere decir orar en el nombre de Jesús?
4. (a) ¿Quién nos ayuda a orar?

(b) Dé el orden de la oración.
5. Dé cinco reglas para la oración.
6. (a) ¿A quién oran los inconversos?
    (b) ¿Quiénes son los "no salvos" o inconversos?
7. Diga por lo menos cinco cosas por las que Ud. puede dar gracias, y cinco que pueda pedir al orar.
8. (a) Dé un versículo de la Biblia acerca de la oración.
    (b) ¿Qué quiere decir ese versículo?
9. ¿Qué o quién nos impide que oremos como conviene?
10. Todos los días, al orar, ¿cuál es la cosa más importante que deberíamos decir al Señor Jesús?

EL CRISTIANISMO PRACTICO

1. ¿Qué diferencia hay entre las buenas obras de un inconverso y las de un creyente?
2. ¿Para qué nos salvó Dios?
3. ¿Por qué deja Dios a los creyentes en este mundo?
4. Diga cuatro maneras en que Dios nos hace semejantes a Cristo.
5. ¿Qué es un testigo?
6. Como testigo de Cristo, ¿qué es lo que Ud. puede decir a la gente?
7. ¿Quién debe dirigir la vida de un creyente?
8. Mencione por lo menos cuatro partes del fruto del Espíritu.
9. Diga cómo sabe Ud. que Cristo está obrando en su vida diaria.
10. ¿Qué diría Ud. a un amigo inconverso, que hay que hacer para ser creyente o cristiano?

LA SEGUNDA VENIDA DE CRISTO

1. Dibuje un diagrama que muestre las distintas partes de la segunda venida del Señor.
2. ¿Puede dar Ud. por lo menos dos pasajes bíblicos en que se mencione la segunda venida?
3. ¿Qué es el arrebatamiento?
4. ¿Qué les sucederá a los creyentes que estén vivos cuando venga el Señor?
5. ¿Qué les sucederá a los muertos en Cristo, cuando él venga?
6. ¿Qué les sucederá a los inconversos muertos, cuando Cristo venga?
7. ¿Qué sucederá en la tierra después del arrebatamiento?
8. ¿Qué pondrá fin a la Gran Tribulación?
9. Diga algo del Milenio, cuánto tardará, y cómo será.
10. Diga tres resultados que se dejan ver en las vidas de los que están esperando la venida del Señor.

CURSO TRES

La Biblia

La Revelación de Dios

DIOS lo sabe todo y todo lo puede hacer. Si él no hubiera querido que supiéramos alguna cosa, nos la hubiera encubierto. Todo lo que quiere que sepamos, él nos lo dice. Los hombres no hubieran sabido nada de Dios si él no hubiera querido decírselo. Hay dos maneras en que Dios nos ha hablado de sí mismo: por medio del mundo que nos rodea, y por la Biblia.

El mundo que nos rodea no nos dice mucho acerca de Dios. Nos dice que Dios es grande y sabio; y nos lo dice repetidas veces y de distintos modos. Podemos darnos cuenta del poder de las olas al estrellarse en la playa, de la fuerza del viento en los árboles, del poder de una planta que crece hasta partir una roca, de la potencia del río que se sale de madre y se lleva los terrenos de la ribera, o del poder del sol que levanta al agua hasta las nubes, pero todos estos ejemplos nos enseñan repetidas veces una misma lección: el poder de Dios. Usando un lente de aumento podemos ver que Dios no hizo dos hojas iguales, ni dos granos de arena iguales, ni dos copos de nieve iguales; y usando el telescopio podemos observar que tampoco hay dos estrellas iguales; aún a simple vista podemos fijarnos que no hay dos personas exactamente iguales, ni dos nubes iguales. Todo esto nos dice que Dios es muy sabio y que todo lo sabe.

Toda la gente puede ver el poder y la sabiduría de Dios en la naturaleza. Aun los paganos que viven en el corazón del Africa lo podrían saber con sólo que se pusieran a pensar en ello. Dios nos dice en la Biblia que: "Lo que de Dios se conoce, les es manifiesto, pues Dios se lo manifestó. Porque las cosas invisibles de El, su eterno poder y deidad, se hacen claramente visibles desde la creación del mundo, siendo entendidas por medio de las cosas hechas; de modo que no tienen excusa" (Romanos 1:19, 20). Esto nos indica que todos los hombres debieran haber dicho: "!Qué grandioso es el Dios que hizo el cielo, la lluvia, las montañas, los árboles, el mundo y todo lo que hay en él, y que me hizo a mí! Tendré que amar a ese Dios y obedecerle siempre, porque ese Dios es tan poderoso y sabio, debe ser muy bueno, y yo no soy bueno, por lo que procuraré ser lo que él quiere que sea". Pero no hay nadie que haya hecho esto, por lo que Dios dice que no tienen excusa.

La Biblia responde a todas las preguntas que se le pueden ocurrir a la mente del hombre respecto a la creación, la vida, la muerte, los pensamientos y la mente del hombre, el pasado, el presente y el futuro. El hombre por sí mismo jamás hubiera podido llegar a saber estas cosas, pero Dios se las ha dicho en este LIBRO que es una revelación. La palabra revelación quiere decir quitar un velo. Si uno ve a una señora con un velo espeso sobre la cara, no puede saber si tiene los ojos azules o negros. ¿Qué diría Ud. de dos muchachos que disputaran largamente sobre el color de los ojos de una señora a quien no habían visto? Uno podría decir que tenía ojos negros, porque era muy alta y él había conocido a una mujer muy alta que tenía ojos negros. El otro podría decir que creía que tenía los ojos pardos porque llevaba un vestido azul, y él había conocido a una mujer que vestía de azul y tenía los ojos pardos. Todo eso puede parecer muy razonable a algunas personas, pero si la señora se quita el velo y vemos que tiene ojos azules, toda aquella discusión de los muchachos parece muy necia.

Así ha descorrido Dios el velo de muchas preguntas. En la Biblia encontramos cómo se formó el mundo, cómo entró el pecado al universo, cómo fue creado el hombre y cómo se volvió pecador, cómo Dios lo ama, cómo vino Cristo a morir por nosotros, cómo podemos ser salvos, cómo vendrá Cristo otra vez, cómo Dios al final traerá gozo al mundo, y cómo hemos de estar en el cielo con El para siempre. Hay muchas otras cosas que se encuentran en este maravilloso libro, pero basta decir que todo lo que Dios piensa que el hombre debe saber acerca de Dios y acerca de sí mismo, se encuentra en la Biblia.

PARA EL CUADERNO DE NOTAS: Procure que los niños se den cuenta de que un Libro sobrenatural puede ser comprendido únicamente por gente que haya nacido de nuevo. Los inconversos siempre tendrán sus interrogativas en cuanto al pasado, el futuro, y muchas cosas acerca de Dios. Que los niños escriban debajo del dibujo la primera parte de I Corintios 2:10 - "Pero Dios nos lo reveló a nosotros por el Espíritu".

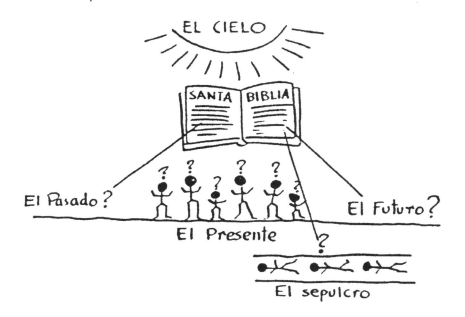

La Biblia

La Inspiración

Cuando Dios quitó el velo de las cosas que el hombre no habría podido averiguar por sí mismo, empezó a declarárselas al hombre. Adán supo algunas cosas acerca de Dios, de la salvación y de la vida eterna, mucho antes de que existiera la Biblia. Abel tenía conocimiento de los sacrificios de sangre, y Enoc de la segunda venida de Cristo (Judas 14). Sin embargo, ninguna de estas cosas se habían escrito en la Biblia todavía.

Ya en el tiempo de Moisés, Dios empezó a escoger a ciertos hombres para que escribieran lo que quería que supieran acerca de El y de sí mismos. Y tuvieron que escribir de cosas que ellos nunca habrían podido llegar a saber por sí solos.

Si alguien nos pidiera que escribiésemos una composición sobre lo que hicimos el 5 de agosto de 1939, no sería raro que al tratar de recordarlo, lo confundiéramos con algo que hicimos el 30 de Julio. Y si Dios hubiera pedido a Moisés que escribiera algo que había hecho cuarenta años atrás, Moisés podría haberse equivocado. Pero Dios dio a Moisés un poder especial que se llama inspiración, y lo libró de cometer errores al escribir lo que él mismo había hecho muchos años antes.

Ahora imagínense lo que sería tratar de escribir algo sobre lo que no tuviera la más remota idea. Si yo les hablara a Uds. de un cierto muchacho que se llamaba Juan Herrera, que vivió en Cuba por el año 1870 y de quien no se haya vuelto a saber nada desde el día en que se embarcó en España para América a la edad de ocho años, y le pidiera que escribieran una historia verdadera de su vida de allí en adelante, Uds. no la podrían escribir. Pero si Dios les hablara al oído y les dijera palabra por palabra lo que habrían de poner, entonces no tendrían ninguna dificultad en escribir correctamente. Así, cuando Dios dijo a Moisés que escribiera la historia de la creación y cómo entró el pecado en el mundo, Dios tuvo que revelar la verdad a Moisés e inspirarlo para que escribiera todo aquello sin error.

También, si les pidiera escribir la historia de un viaje a Marte en el año 2500, no lo podría hacer, a menos que hiciera un relato puramente imaginario. Para entonces ya habrá nuevas palabras en uso que ahora no conocemos. ¿Qué diría su tatarabuelo si entrara en la casa de uno de Uds. tal como está hoy en día? Al ver que uno de Uds. sintonizaba su radio, diría: "Tomó una cosita que estaba en el extremo de un cordón y lo metió en un agujero en la pared, y dio vuelta a un botón y empezó a salir música de una caja". Sería una buena descripción del radio, aunque no usa los términos técnicos que cualquier muchacho de ahora conoce. Ahora diríamosque metimos el enchufe en el tomacorriente, sintonizamos la onda de la radiodifusora que deseábamos, y escuchamos un programa de radio. En la Biblia, por medio de visiones, Dios mostró a algunos de los profetas cosas que todavía estaban en el futuro, e hizo que las describieran en el lenguaje sencillo de su tiempo. Ya nosotros entendemos algunas de estas cosas en el lenguaje de nuestros días, y las entenderemos mejor a medida que el tiempo avance. Por ejemplo, el profeta Ezequiel nos habla de seres angelicales en lenguaje que nos es difícil comprender ahora, y San Juan describe el cielo de una manera que será sencilla cuando lo veamos.

Todos estos hombres que escribieron la Biblia lo hicieron porque Dios los escogió para ello y los inspiró para que no cometieran equivocaciones, ya sea que escribieran de hechos que conocían, o de cosas del pasado y del futuro que él tenía que revelarles especialmente. El Espíritu Santo nos dice por medio de Pedro que "la profecía nunca fue traída por voluntad humana, sino que los santos hombres de Dios hablaron siendo inspirados por el Espíritu Santo" (II Pedro 1:21). La palabra "inspirados" en realidad quiere decir llevados o empujados así como un barco de vela es empujado por el viento. Esta es la manera en que el "soplo" de Dios empujó a los hombres que escribieron la Biblia. Algunas veces no sabían el significado de lo que habían escrito. Daniel escribió su profecía y después preguntó al Señor qué quería decir (Dan. 12:8), y todos los hombres que escribieron la Biblia la estudiaban para entender su significado. Aun los ángeles desearían comprender todo lo que se halla en la Biblia (I Pedro 1:10-12).

PARA EL CUADERNO DE NOTAS: Dibuje la Biblia y la luz del Espíritu Santo primero y después vaya espaciando los otros objetos adecuadamente.

La Biblia

La Palabra que convence y convierte

La Biblia es un libro sobrenatural. No hay otro libro que haya sido dado por Dios. No hay otro libro que contenga la revelación de Dios, y Dios nunca inspiró a otros hombres aparte de aquellos que escribieron la Biblia, para que su trabajo saliera sin errores.

La Biblia es la historia de la <u>completa ruina del hombre en el pecado y del remedio perfecto de Dios en Cristo</u>. Podríamos decir que esto es lo que contiene la Biblia, dicho en quince palabras. Es bueno aprender esas quince palabras de memoria, porque no hay nada en la Biblia que no tenga que ver con una de esas dos frases.

La razón por qué algunos hombres odian la Biblia, es porque manifiesta lo que hay en su corazón y hiere de manera irreparable su vanidad. Se cuenta la historia de una niña muy fea, tan fea que nunca quería mirarse en un espejo. No quería tener espejo en su cuarto, porque los detestaba. Desde luego, ya se sabe que su odio a los espejos no la hacía verse más hermosa. Había otra niña que se creía tan bonita, que procuraba verse en el espejo cada vez que tenía oportunidad, volviendo la cabeza de un lado y de otro para poderse ver mejor. La lectura de la Biblia la hizo descubrir que su corazón no agradaba más a Dios que el de la niña fea.

En el sur de Francia había un niñito que entró a la cocina cuando su mamá estaba guardando los botes de jalea que acababa de llenar. La mamá tuvo que salir a hacer algún mandado, y dijo al niño que no tocara la jalea. Cuando su mamá salió, el niño tomó una silla, la acercó al aparador, se subió y empezó a meter el dedo en los botes de jalea y a chupárselo. De pronto oyó que venía su mamá. Se bajó, cerró el aparador, retiró la silla y se pasó a otro cuarto. La mamá lo llamó y le preguntó por qué la había desobedecido. El mintió y dijo que no había tocado la jalea. Ella lo miró fijamente. El también le miraba los ojos a ella, pero poco a poco fue bajando los ojos observándole la boca, los botones del vestido, la hebilla del cinturón y por último los zapatos. Después se miró sus propios zapatos, y a medida que bajaba la cabeza, de repente vio por qué su mamá estaba tan segura de lo que él había hecho mientras estaba ella ausente. ¡Tenía una gran mancha de jalea en la ropa! Esto es exactamente lo que hace la Biblia con el hombre: le muestra la mancha que lleva en el pecho; le revela lo que hay en su pecaminoso corazón. Esto no lo habría podido descubrir el hombre si Dios no le hubiera dado la Biblia. El apóstol Pablo dice que nunca habría sabido lo que era el pecado, si Dios no hubiera dado la ley. No habría sabido que era malo desear lo ajeno, si Dios no hubiera dicho: No codiciarás (Rom. 7:7).

La Biblia es la que nos dice que nuestras buenas obras no pueden agradar a Dios, porque El es santo y nosotros somos pecadores. La Biblia es la que nos dice que el carácter tampoco nos salva. La Biblia es la que nos dice que no somos salvos por obras, para que nadie se gloríe (Ef. 2:9). Estas no son cosas que los hombres habrían pensado por sí mismos. Muchos inconversos esperan que han de salvarse por lo que hacen, aunque Dios diga que no.

Cuando Dios, el Espíritu Santo, salva a alguien, siempre lo hace de la misma manera. Toma algún versículo en la Biblia que hable de la santidad de Dios, o alguno que diga cuán terrible es en realidad el pecado, y lo usa para tocar y mover el corazón del inconverso hasta que se sienta convicto de pecado, de la justicia de Dios, y del juicio de Dios contra el pecado (Juan 16:8). Cuando el inconverso sabe lo que Dios piensa de su pecado, Dios le revela siempre por medio de la Biblia, que está satisfecho con la muerte de Jesucristo en vez de la muerte del pecador.

Lo que el pincel es para el artista que pinta un cuadro, lo que el martillo es para el carpintero que clava un clavo, lo que el agua es para la lavandera que lava la ropa, eso es la Biblia para Dios al salvar un alma.

PARA EL CUADERNO DE NOTAS: Haga un corazón de cartón para que los niños puedan trazar su contorno. Que ellos escojan un versículo que trate del pecado y uno que hable de la salvación, y los escriban debajo del dibujo.

La Biblia

La Palabra que Edifica y Fortalece

El estudio de la Palabra de Dios es la única manera en que el creyente puede hacer que su vida crezca y llegue a ser como la vida del Señor Jesucristo.

La Biblia dice que el creyente nuevo es un niño recién nacido, que puede crecer únicamente bebiendo la leche espiritual de la Palabra de Dios (I Pedro 2:2). Cuando yo visitaba a unos amigos misioneros en la India, ví una pelea entre una mangosta y una cobra. La cobra es una culebra muy venenosa, y la mangosta es un animalito del tamaño de un gatito muy pequeño. La culebra estaba enroscada con la cabeza levantada, y la mangosta se le iba acercando poco a poco. De repente la culebra se le tiró, pero la mangosta saltó hacia atrás apenas a tiempo. Al principio creí que la culebra se tiraba y erraba el tiro, levantaba la cabeza nuevamente y se ponía en guardia. La mangosta se acercaba y se alejaba hasta que la culebra empezó a cansarse y ya no se lanzaba con la misma velocidad. Por último, cuando la culebra se estiró hacia él con lentitud, la mangosta saltó en el aire y clavó los dientes en la nuca de la culebra (si es que se puede decir que las culebras tienen nuca) y no la soltó. La culebra se retorcía y se enroscaba alrededor de la mangosta, pero ya era tarde. Al poco rato, aquella gran culebra que habría podido tragar a la mangosta entera, estaba en el suelo, muerta por un animal mucho más pequeño que ella.

Esta historia pudo haber terminado de manera muy diferente, si la mangosta no hubiera sido ágil y fuerte por estar bien alimentada. La historia nos presenta un cuadro en que se ve la lucha a muerte de la naturaleza vieja con la nueva. Nosotros llevamos en nosotros mismos la naturaleza vieja del pecado, de que hemos estado estudiando, y la naturaleza nueva que es la vida que hemos recibido como un regalo de Dios. El mundo entero está organizado para alimentar y fortalecer la naturaleza vieja, pero solo hay un alimento para la naturaleza nueva, y es la Palabra de Dios.
cuál es el próximo paso que debemos dar, y el siguiente, y así no nos apartaremos de la voluntad de Dios.

Cuando recordamos que somos testigos, debemos pensar que la Palabra de Dios es la única herramienta con que podemos hacer ese trabajo. Dios dijo a Jeremías: "¿No es mi Palabra como el fuego, dice Jehová, y como martillo que quebranta la piedra?" (Jer. 23:29). Si uno al hablar con otros usa sus propias palabras, le podrán decir: ¿Quién es Ud. para que me hable así de lo que yo hago"? Pero si uno cita la Biblia, se dará cuenta de que ella puede hacer lo que no se logra con nuestras propias palabras, y nos capacita para ser verdaderos testigos del Señor.

El Señor Jesús conocía la Biblia perfectamente. Cuando el diablo se acercó para tentarle, el Señor usó la Biblia para vencerle. "Escrito está . . ." "Escrito está . . ." "Escrito está . . ." (Mateo 4:4, 7, 10). Como si dijéramos que le dió tres estocadas con una espada de dos filos y acabó con él. La Biblia se da a sí misma el nombre de espada del Espíritu (Ef. 6:17), y así fue como Cristo la usó. Lo que le sirvió a El nos servirá del mismo modo a nosotros. Por eso debemos aprender muchos versículos de memoria, porque nos servirán para vencer a Satanás. "En mi corazón he guardado tus dichos, para no pecar contra ti" (Salmo 119:11).

También la Biblia es una lámpara que alumbra nuestros pies y una lumbrera para nuestro camino (Salmo 119:105). Cuando se cruza de noche un lugar peligroso, no se necesita un gran reflector como para localizar un avión en el cielo, sino una lámpara pequeña, lo suficiente para ver el camino, paso a paso, hasta llegar a casa. Así es la Palabra de Dios, una luz que alumbra nuestro camino cerca de nuestros pies. Si la estudiamos, siempre sabremos

PARA EL CUADERNO DE NOTAS: Permita que cada niño escoja un versículo del Salmo 119, y lo ponga debajo de los cuadros.

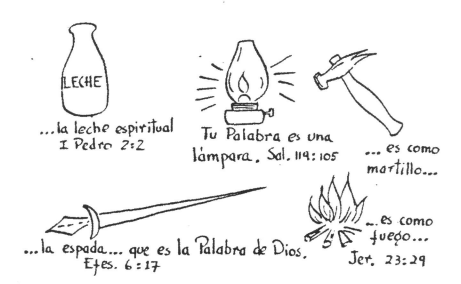

...la leche espiritual I Pedro 2:2

Tu Palabra es una lámpara. Sal. 119:105

... es como martillo...

...la espada... que es la Palabra de Dios. Efes. 6:17

...es como fuego... Jer. 23:29

VEANSE LAS PREGUNTAS SOBRE LA BIBLIA EN LA PAG. 144.

La Libertad

Señale al Señor Jesucristo como el único que puede soltar las cadenas de la esclavitud.

A los hombres no les gusta ser esclavos. Durante la Guerra Civil de los Estados Unidos, los estados del norte se pronunciaron contra la esclavitud. Nosotros no aceptamos que un hombre sea dueño de otro. Ustedes nunca han visto un esclavo, porque ya se les había dado libertad antes de que Uds. nacieran.

Sin embargo, en cierto sentido sí hemos visto esclavos, porque Dios dice que todos los inconversos son esclavos. También nosotros mismos, antes de ser salvos, éramos siervos del pecado. El Señor Jesucristo dijo: "Todo aquel que hace pecado es siervo del pecado". Y siendo que todos han pecado, todos son siervos del pecado. La esclavitud es una cosa muy triste, pero no es nada si se compara con la esclavitud del pecado. Todos sin duda hemos visto hombres con caras que no parecen de seres humanos, por las huellas que llevan del pecado. En los asilos de dementes hay muchos hombres y mujeres que han perdido el uso de la razón. También en las salas de los hospitales hay muchos que están allí precisamente porque han arruinado sus cuerpos con el pecado. El pecado es un amo terrible (Rom. 6:17).

El pecado fue el que transformó a Lucifer, aquel ángel poderoso y lleno de hermosura, en Satanás, nuestro mayor enemigo. Fue el pecado lo que sacó a Adán y Eva del hermoso huerto de Edén para sufrir y después morir. El pecado fue lo que clavó a nuestro Señor Jesucristo en la cruz, y lo hizo sufrir y morir allí por nosotros. El pecado es la cosa más terrible en el universo. Todos los que han pecado son esclavos del pecado. Esto quiere decir que ustedes y yo somos siervos del pecado, a menos que nos hayan dado la libertad.

El pecado es como la cadena que amarra al esclavo. Y ¿a qué nos amarra la cadena del pecado? Es una cosa espantosa cuando nos damos cuenta que el otro extremo de la cadena nos une a Satanás, el enemigo de Dios y enemigo de nuestras almas. II Tim. 2:26 habla del lazo del diablo con que los hombres "están cautivos a voluntad de él". Así como uno lleva a un perro amarrado con una cadena, Satanás lleva encadenados con la cadena del pecado a todos sus cautivos. Y él es un amo muy fuerte y muy cruel. Es más fuerte que cualquiera de nosotros, y no podemos escaparnos de su mano por nuestras propias fuerzas. Satanás nos odia a nosotros y aborrece a Dios, y quiere hacernos miserables e infelices. A veces parece que nos da gusto por un corto tiempo, pero luego nos arrastra a la infelicidad y la miseria con esa fuerte cadena del pecado. Una vez se oyó decir a una anciana de raza negra: "Cuarenta años serví al diablo, y nunca me pagó nada". El diablo es un amo duro.

Cuando uno quiere poner cadena a su perro, ya sabe que tiene que ponerle un collar. También hay un collar al que Satanás amarra la cadena del pecado para poder llevarnos: ese collar es el "Yo". En Ef. 2:3 se nos dice que antes que creyéramos en el Señor Jesucristo, éramos por naturaleza hijos de ira, y vivíamos en los deseos de nuestra <u>carne</u> - o sea de nuestra naturaleza vieja y pecadora. Era un collar apretado y molesto, pero no queríamos soltarlo, y Satanás nos lo había apretado tan duro, que aunque quisiéramos, no podíamos quitárnoslo.

Sólo hay una manera de librarnos de semejante esclavitud - por medio del gran Libertador, el Señor Jesucristo. Para librarnos Cristo tuvo que dar su vida por nosotros. Nuestra libertad costó un precio muy elevado, aunque nosotros la recibimos como un regalo. Ahora tenemos un nuevo amo, el Señor Jesucristo.

Cuando él murió en la cruz, quitó el poder a Satanás, ese viejo encadenador de esclavos. Cristo rompió la cadena del pecado y nos quitó el collar del "yo" para que seamos libres - libres de Satanás, del pecado y del "yo".

PARA EL CUADERNO DE NOTAS: Deje que los niños escojan entre los versículos que el maestro usa en su bosquejo para que los escriban en sus cuadernos. Al dejar que ellos escojan, se les da una oportunidad de apreciar el significado de los versículos.

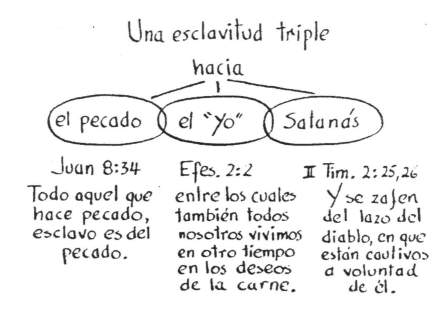

La Libertad

Procure llevar a los niños a los pies de Cristo como su Señor y Salvador.

1. El creyente está libre del juicio futuro.
2. El creyente está libre de la condenación presente.

LA ESCLAVITUD, y en especial la esclavitud al pecado, al "yo" y a Satanás, es un estado verdaderamente infeliz. Pero yo no me siento infeliz al presente, y no me siento esclavo. Creo que estoy libre. Pero alguno me preguntará: "¿Cómo sabe Ud. que es libre?". Si alguno viene a decirnos que se siente policía, no se lo creemos, a menos que le veamos la placa o la insignia. Yo también tengo una prueba de que soy libre, y se la voy a mostrar. Cuando se daba la libertad a un esclavo en la antigüedad, se le entregaba un papel en que así constaba. Yo también tengo mis papeles que me declaran libre, como Uds. verán. Esos papeles a que refiero tienen una pasta negra. ¿Saben Uds. de qué estoy hablando? Sí, de la Biblia. Allí me doy cuenta de que ya no soy esclavo, porque he creído en el Señor Jesucristo.

Abran sus Biblias y busquen Juan 8:36. Allí leemos: "Así que, si el Hijo (el Señor Jesús) os libertare, seréis verdaderamente libres". El Señor Jesús es el que me libró a mí del pecado, al morir en la cruz; del "yo" al morir en la cruz; y de Satanás, al morir en la cruz. Todo lo que él ha hecho por mí está escrito en la Biblia y mi libertad está escrita en ese versículo. Hay otro versículo en Gálatas 5:1, en que el apóstol Pablo escribió a algunos creyentes instándolos a que se mantuvieran firmes en la libertad con que Cristo nos hizo libres. Siendo que yo he creído en el Señor Jesucristo, por este versículo sé que ya Satanás no es mi amo, que ya se rompió la cadena del pecado y el collar del "yo" y que soy libre.

Al darle libertad a un esclavo, tal vez al principio no entendería lo que significa la libertad. Tal vez pensaría que sólo se había librado de que le azotaran cada vez que no trabajaba lo suficiente. También Uds. y yo necesitamos saber qué es lo que significa nuestra libertad.

En primer lugar, quedamos libres del juicio. Uds. saben que Dios ha dicho: "La paga del pecado es muerte". "Todos hemos pecado, y estamos destituidos de la gloria de Dios", de modo que merecemos esa paga y tenemos que ser juzgados. Pero Cristo murió para librarnos de ese juicio. El llevó nuestro castigo para que nosotros no tengamos que ser castigados. Antes de ser salvos éramos como presos en la cárcel, esperando que nos fusilaran o que nos sentaran en la silla eléctrica. El diablo nos tenía presos, y solo estábamos esperando que llegara el juicio, que nos enviaría al infierno. Pero Cristo vino a librarnos de todo esto. El dice que ya no necesitamos ser castigados; que ya no necesitamos ser juzgados.

Cuando venga el gran día del juicio, ni uno solo de los salvos será juzgado. Lean Juan 5:24. Esa palabra larga "condenación" quiere decir lo mismo que la palabra "juicio". Lea otra vez el versículo poniendo esta palabra en lugar de la otra. Sería bueno escribir esa palabra "juicio" al margen para que se acuerden de lo que quiere decir ese versículo.

El hecho de que un preso no esté condenado al paredón o a la silla eléctrica, no quiere decir que esté libre. Necesita que lo saquen de la cárcel. Dios nos ha sacado de la cárcel de la condenación presente. Todos los que no creen en Jesús están ya condenados, según Juan 3:18, lo que quiere decir que es como si ya estuvieran juzgados en vida. Pero todos los que creemos estamos ya libres del temor del juicio, y libres de la sentencia de "culpables" aun ahora mismo. Esto se prueba con Romanos 8:1 y Juan 3:18. Léanlos por lo menos dos veces, para no olvidarlos nunca.

PARA EL CUADERNO DE NOTAS: Explique a los niños que ya no somos esclavos, sino libres, porque Cristo murió por nosotros. Ya salimos de la cárcel de la condenación presente, de modo que ya no necesitamos tener miedo de la ira de Dios. También ya estamos libres del juicio futuro, porque Cristo sufrió ese juicio en la cruz por nosotros.

La cárcel de condenación y juicio

Juan 3:18 - El que no cree, ya es condenado

Rom. 8:1- Ninguna condenación hay para los que están en Cristo Jesús.

La Libertad

Procure llevar a los niños a los pies de Cristo como su Señor y Salvador.

1. Somos libres de la esclavitud del pecado.
2. Somos libres de la ley.

Si un hombre huye de la cárcel, ¿se puede decir que está libre? Ya no estará detrás de los barrotes de hierro y está libre en cierto sentido, pero todos los agentes de la policía andarán buscándolo para ponerlo nuevamente en la cárcel. Esa no es la clase de libertad que nosotros tenemos. Cristo nos ha hecho libres, y nuestro antiguo dueño, Satanás, ya no tiene derecho de someternos nuevamente bajo su yugo de esclavitud. En nuestra primera lección sobre este tema dijimos que éramos esclavos de tres amos -- Satanás, el pecado y el "yo". Ninguno de éstos tiene poder alguno sobre nosotros, porque Cristo es nuestro Salvador.

Es hermoso saber que somos libres del pecado. Esto no quiere decir únicamente que ya no seremos castigados por nuestros pecados, sino que los pecados nos han sido quitados. Eran como una pesada carga que teníamos que llevar. Cristo nos quitó esa carga, y ahora estamos libres de ella. Lo vamos a probar con nuestras Biblias. Busquemos Romanos 6:18 y 22. Léanlos cuidadosamente y vean de qué dicen que estamos libres. Observen que el pecado no era sólo como una carga, sino como un terrible rey que reinaba sobre nosotros. Pero en Romanos 6:14 dice: "El pecado no se enseñoreará de vosotros" -- lo que quiere decir que el pecado ya no podrá dominarnos. Ya no podrá hacer que le obedezcamos, porque Cristo es nuestro Rey.

Antes que Uds. nacieran de nuevo por la fe en el Señor Jesucristo, no podían dejar de pecar. Todo lo que hacían, ya fuera bueno o malo, era realmente pecado, porque los que no han sido salvos no pueden hacer nada que sea agradable a Dios. Pero ahora que ya Uds. son salvos, están libres del pecado y no tienen por qué pecar, porque Cristo ha cortado el poder que el pecado tenía sobre Uds. Si sienten la tentación de hacer algo malo, no necesitan someterse a la tentación, porque Cristo los ha librado del poder del pecado. Si Uds. confían en El, el pecado no seguirá dominando su vida.

Otra cosa de la que nos ha librado la muerte de Cristo, es la ley. Desde luego reconocemos que la ley es una cosa buena, y todos nosotros queremos guardar los diez mandamientos. Pero sucede que la ley no nos puede hacer buenos, porque somos pecadores, y tan débiles, que no podemos cumplir la ley perfectamente. Así, pues, la ley en vez de hacernos buenos, sólo nos muestra que no lo somos. Por más que tratemos en nuestras propias fuerzas, de cumplir la ley de Dios, cada día nos damos cuenta de que no podemos. En Deuteronomio leemos el mandamiento que dice: "Amarás al Señor tu Dios de todo tu corazón". Todos nos damos cuenta de que no amamos a Dios con todo nuestro corazón, porque constantemente estamos haciendo cosas que lo desagradan. De manera que esta parte de la ley hace que uno se sienta triste, porque le muestra lo malo que es. Y sin embargo, Cristo nos ha librado aun de esto, porque Dios dice que ya no estamos bajo la ley (Lea Gál. 3:24, 25; 4:5; Rom. 7:6). Esto no quiere decir que ya podemos quebrantar la ley, sino que el Espíritu Santo de Dios que mora en todos los que han nacido de nuevo, guardará la ley por nosotros, y lo único que tenemos que hacer nosotros es confiar en El, en vez de estar tratando de cumplir la ley sin poder hacerlo. Si le sometemos nuestros corazones y hacemos lo que él nos enseña cada momento, estaremos alegres, porque estaremos agradando al Señor.

PARA EL CUADERNO DE NOTAS: Dígales a los niños que por haber muerto Cristo por nosotros, él es nuestro rey y el pecado ya no reina sobre nosotros. Ya no tenemos que ser esclavos del pecado. Antes estábamos bajo la ley, pero ahora el Espíritu Santo vive en nosotros, y nosotros confiamos en que él nos hará alegres y santos. Que los niños dibujen un corazón. Lleve Ud. un molde de que ellos puedan trazarlo. También lleve corazones recortados en papel blanco, un poco más grandes que los que ellos han dibujado, para pegarlos encima después que ellos terminen su dibujo. Péguelos solamente en la parte de arriba para que puedan levantarse. En el corazón que va encima dibuje una corona y debajo escriba estas palabras: Cristo es Rey - no el pecado.

Cristo es Rey

no el pecado

La Libertad

Procure llevar a los niños a los pies de Cristo como su Señor y Salvador.

1. Somos libres del temor.
2. Somos libres de cuidados.

A veces las niñitas y los niñitos pequeños tienen miedo de la oscuridad: no quieren ni acostarse si no hay luz. Por supuesto, cuando crecen se libran de este temor. Aun los adultos temen algunas cosas. Pero si pertenecemos al Señor Jesús no necesitamos temer nada, porque El nos ha librado del temor. Leamos Rom. 8:15. Allí encontramos que no estamos en esclavitud o servidumbre para que tengamos temor. Y en I Juan 4:18 encontramos que el perfecto amor de Dios echa fuera el temor.

Mucha gente tiene temor de la muerte, y es natural que lo tengan, si no son salvos, porque para ellos la muerte significa separación para siempre de Dios, en el infierno. Antes de la muerte de Cristo también hubo quienes, aunque creían en Dios, tenían miedo de la muerte, porque sabían tan poco de la vida más allá de la tumba. En Heb. 2:15 leemos que Cristo libertó a los que estaban toda su vida en esclavitud debido al temor de la muerte. El temor era para ellos como un terrible amo que siempre los hacía sentirse infelices y miserables. Eran esclavos de ese temor. Pero vino Cristo y murió y se levantó de entre los muertos, de modo que ahora ya no hay temor de la muerte para nosotros. Ese temor se ha ido para siempre. El Salmo 23:4 dice: "No temeré mal alguno, porque tú estarás conmigo". Para los que son del Señor, la muerte es solamente el viaje al hogar celestial.

Dios ha hecho los planes para todo lo que sucede en nuestras vidas. Nada nos puede suceder a menos que él lo permita, de modo que no tenemos que tener miedo de lo que suceda, ya sea de día o de noche. Si estamos enfermos, debemos descansar sosegadamente, sabiendo que el Señor hará lo que es mejor. Si las lecciones de la escuela son difíciles, debemos pedirle al Señor que nos ayude a aprenderlas y tenemos la seguridad de que él lo hará si nosotros también hacemos lo mejor que esté a nuestro alcance. No hay necesidad de que nos aflijamos por nada, siendo que pertenecemos a Dios, y él es nuestro Padre y nos ama y tiene cuidado de nosotros.

Algunos creyentes dejan que les domine el amo de la preocupación, la ansiedad, la inquietud. Se apenan por todo: por lo que ya sucedió, por lo que pueda suceder, y por lo que nunca va a suceder. Nunca están tranquilos ni contentos. Se cuenta una fábula de unos pajaritos que platicaban así:

Dijo el gorrión a la golondrina: Por qué los humanos tienen que andar siempre a la carrera, tan preocupados, tan llenos de ansie dad? —Ah,— le contestó la golondrina, —de seguro es que ellos no tienen un Padre celestial que los cuide como nosotros. — Ya sabemos que los pájaros no hablan ni piensan estas cosas, pero la verdad es que nosotros parecemos más preocupados que ellos. Y sin embargo, Dios tiene más cuidado de nosotros que de los pájaros (Mat. 6:26). Lea I Pedro 5:7, Fil. 4:6 y Mat. 6:23-34 para ver lo que dice Dios del cuidado que tiene de nosotros. El nos cuida. ?Por qué hemos de afligirnos? ¿Acaso pensamos que El no lo hace bien?

Ya vemos, pues, que el temor se ha desaparecido. Ya no tenemos que afligirnos por la esclavitud, porque ya estamos libres de todas las cosas malas. Ya somos libres de la condenación del del juicio, del poder del pecado, de la ley, y aun del temor y la preocupación. Podemos levantar la cabeza y alegrarnos por todo lo que Dios ha hecho por nosotros.

PARA EL CUADERNO DE NOTAS: Como repaso sería bueno que los niños busquen en sus Biblias los versículos que prueban cada uno de estos puntos, y los anoten en sus cuadernos después de haber hecho sus dibujos.

VEANSE LAS PREGUNTAS SOBRE LA LIBERTAD EN LA PAG. 144.

La Salvación y los Premios

La importancia de estas lecciones estriba en el hecho de que muchos creyentes no llegan a comprender el principio de gracia en que ellas se funden. Pueda ser que estén confiando en Cristo sinceramente y, con todo, tener la idea equivocada de que deben hacer algo para merecer la salvación. Si el maestro enseña estas lecciones con fidelidad, corregirá este error de una vez en la mente de sus alumnos.

Procure llevar a los niños a los pies de Cristo como su Señor y Salvador.

    1. Lo que se entiende por premios.
    2. La base para otorgar estos premios.
    3. ¿Qué serán estos premios?

¿Le ha tocado a Ud. recibir un premio alguna vez? Tal vez su papá le haya prometido algo que Ud. deseaba mucho si sacaba buenas calificaciones. Eso que él le prometió no era pago, porque su papá no tenía que dárselo, como paga un patrón a su empleado. Se trata de una cosa extra que se da porque uno se ha portado bien y lo ha merecido.

Así Dios da premios a sus hijos por las cosas buenas que hacen. Ya se sabe que nosotros no podemos ganar nuestra salvación, "porque es don de Dios, no por obras, para que nadie se gloríe" (Ef. 2:8-9). Dios no da premios a los que no son salvos, sino únicamente a sus hijos, a los salvos. Si ya siendo salvos hacen cosas agradables a Dios, recibirán premio. Si no las hacen, pierden el premio.

En las escuelas hay niños y niñas que obtienen buenas calificaciones casi sin esfuerzo alguno. Son tan inteligentes que aprenden las lecciones casi sin estudiarlas. Otros niños tienen que esforzarse y estudiar bastante. Se dedican a sus estudios por horas enteras para sacar buenas calificaciones, y aun así, tal vez sus calificaciones no son tan buenas como las de los niños inteligentes. Si el Señor estuviera dando premios en la escuela, no daría los premios a los que aprenden las lecciones con más facilidad, sino a los que han hecho el mayor esfuerzo y han demostrado mayor fidelidad. Esta es la manera en que Dios premia siempre. El anda en busca de obreros fieles. (Cuente la parábola de Mat. 25:14-30, subrayando el hecho de que el premio del que tenía dos talentos y del que tenía cinco, fue exactamente el mismo - los versículos 21 y 23 son idénticos.) La última parte de Apoc. 2:10 promete una corona al que es fiel. Entonces, si somos fieles, cada uno de nosotros puede ganar un premio.

La Palabra de Dios nos habla de un cierto número de cosas por las cuales podemos recibir premio. (Busque las siguientes citas y discútalas con los niños de la clase: Mat. 10:41, 42; Mat. 5:11-12; Dan. 12:3; II Tim. 4:8; Sant. 1:12; Col. 3:23, 24; I Cor. 9:24, 25.)

No sabemos lo que serán estos premios. Los pasajes que hemos leído nos hablan de recompensas, y coronas y brillo como el de las estrellas. ¿Tendremos verdaderas coronas de oro adornadas con piedras preciosas? No lo sabemos. Pueda ser que en el lenguaje del cielo esto quiera decir alguna gran bendición que no se podría describir ni entender en un idioma terreno. Pero sea lo que sea, no cabe duda que estos premios serán de veras maravillosos, y que nos sentiremos muy felices de obtenerlos.

Lo mejor que podemos decir de estos premios es que el Señor Jesucristo se alegrará mucho de poder dárnoslos. El desea que los ganemos, y él se alegrará tal vez más que nosotros cuando los recibamos.

Podemos ganar estos premios si somos fieles cada día y dejamos que el Señor Jesús tenga el dominio de nuestras vidas. Confiar y obedecer debe ser nuestro lema. Si lo hacemos así, podremos estar seguros de recibir premios cuando el Señor Jesús los reparta.

PARA EL CUADERNO DE NOTAS: Deje que los niños escojan uno de los versículos de la lección y que lo escriban debajo del dibujo.

Aquí sembramos la semilla.

El premio lo recibiremos en el cielo.

CURSO TRES LECCION DIEZ

La Salvación y los Premios

Procure llevar a los niños a los pies de Cristo como su Señor y Salvador.

El contraste entre la salvación y los premios:
1. La salvación es gratuita.
2. Los premios se ganan.
3. La salvación es una posesión presente.
4. Los premios se obtendrán en el futuro.

Hay una gran diferencia entre la salvación y los premios, y en este punto es en donde algunos creyentes se confunden. Uds., niños y niñas, pueden aprender en esta lección lo que a otros les lleva años de aprendizaje. Hay dos grandes diferencias entre la salvación y los premios. La primera es que la salvación es libre y que los premios se ganan; la segunda es que la salvación se recibe ahora y los premios son para el futuro.

Uno no puede hacer nada para merecer la salvación: podría hacer buenas obras toda la vida y sin embargo no ganarla. La única manera de ser salvado es creyendo en el Señor Jesucristo (Hechos 16:31; Juan 3:16). Repetidas veces leemos en la Biblia que la salvación es un don, o sea un regalo (Romanos 6:23; Ef. 2:8-9). Supongamos que yo les diera a ustedes un regalo para la navidad. De seguro que no me dirían: "Gracias por el regalo. Aquí traemos el dinero para pagarlo". Si Uds. lo pagaran, ya no sería regalo. Así tampoco se puede pagar por la salvación: es un regalo, y si tratáramos de comprarla con algo, ya no sería un regalo. Todo lo que uno debe y puede hacer es recibir la salvación gratuitamente. No es "por obras" (Ef. 2:8-9). Uds. son salvos por lo que el Señor Jesús hizo cuando murió en la cruz, y no por algo que pudieran llegar a hacer.

Los premios son lo contrario de la salvación, pues no son un regalo sino se deben ganar. Los creyentes, o sea los que ya son salvos, pueden ganar estos premios con el trabajo que hagan por el Señor. Cada vez que la Biblia habla de premios, nos dice que éstos se obtienen al hacer alguna cosa. ¿Pueden Uds. acordarse de algunas de estas cosas?

Así que podemos con toda seguridad señalar la diferencia entre la salvación y los premios, porque la salvación es un don gratuito, mientras que los premios se ganan con buenas obras.

La otra gran diferencia que hay entre las dos, es que una se recibe ahora, y para obtener la otra tenemos que esperar hasta llegar al cielo. ¿Cuál tenemos ahora? La salvación, desde luego. Hay muchos versículos que enseñan que la vida eterna la tenemos ya, ahora. (Busque I Juan 5:11; II Pedro 1:3; Tito 3:4, 5; II Tim. 1:9; Juan 5:24; 6:47.) Siendo que ya tenemos la vida eterna, podemos decir que <u>ya somos</u> salvos, y no que seremos salvos cuando lleguemos al cielo.

Los premios los recibiremos cuando lleguemos al cielo: allá nos esperan. Ahora, fíjense que cada uno de los versículos que habla de los premios, se refiere al futuro. Los premios no los tenemos <u>ahora</u>, sino los <u>tendremos</u> en el futuro. Estos pasajes nos indican también que recibiremos los premios en el cielo, y eso no puede ser ahora, como muybien lo sabemos. Leamos los pasajes que siguen y fijémonos en que hablan del futuro: Mat. 10:41, 42; Col. 3:22-24; Mat. 5:11-12; Dan. 12:3; II Tim. 4:8.

Es una cosa maravillosa que tengamos la salvación ahora. Nos llena de alegría saber que somos salvos y que no podemos perdernos jamás. Y también podemos anticipar con alegría el momento en que Dios nos reparta los premios en el cielo. Será un día de inmenso regocijo si hemos sido fieles y hemos ganado premios que recibiremos en aquel gran día. Por lo tanto, debemos ser diligentes ahora y no olvidar que es ahora y aquí cuando debemos ganar los premios, pues cuando lleguemos al cielo ya será demasiado tarde.

PARA EL CUADERNO DE NOTAS: Que los niños escojan un versículo y lo escriban debajo de la ilustración.

La Salvación es gratuita y se recibe ahora.

Todo aquel que quiera, venga

"Bien hecho"

Los premios ganados se reciben en el cielo.

La Salvacion y los Premios

Procure llevar a los niños a los pies de Cristo como Señor y Salvador.

1. ¿Cuándo se reciben los premios?
2. ¿Con qué propósito se dan los premios?

Ya sabemos que los premios no se reciben ahora, sino en el futuro, según lo estudiamos en la lección pasada. Pero ¿cuándo será ese tiempo? La Biblia da la respuesta a esta pregunta.

Estamos esperando que vuelva nuestro Señor Jesucristo en cualquier momento. Cuando él venga, todos los que murieron creyendo en él resucitarán de entre los muertos y recibirán cuerpos hermosos como el del Señor Jesucristo. Al mismo tiempo, los creyentes que todavía estén vivos serán transformados y recibirán cuerpos como el del Señor Jesús también. (Lea I Tes. 4:13-18; I Cor. 15:51, 52; y I Juan 3:2, y muestre que estas verdades se encuentran en dichos versículos.) Y cuando los muertos en Cristo sean levantados de entre los muertos, y los vivos sean transformados y arrebatados para ir a recibir al Señor en el aire, entonces será cuando Dios verá el registro que lleva de cada uno de nosotros para decidir si merecemos algún premio o no. Lea Mat. 16:27. En Lucas 14:13 y 14 tenemos las palabras del Señor Jesús. Allí dijo Jesús a sus seguidores que fueran buenos con los pobres, enfermos, lisiados, y que serían premiados o recompensados - ¿cuándo? En la resurrección de los justos. Y ¿cuándo será que los justos, o sea los creyentes en Cristo, serán resucitados? Cuando Cristo venga otra vez. Entonces se ve claramente que los premios se entregarán a la venida de Cristo. Entonces será cuando se abrirán los libros y Dios revisará la historia de nuestras vidas. Todos nuestros pecados ya han sido borrados, pues para eso murió Jesús, pero el registro que se lleva en el cielo contendrá la lista de nuestras buenas obras, o si no hemos sido fieles y no hemos hecho las buenas obras que debiéramos haber hecho, habrá un gran espacio en blanco. ¡Qué cosa tan triste será quedarnos sin recibir ningún premio!

¿Por qué promete Dios premiar a los fieles? Creo que podemos adivinar la razón. ¿Por qué es que su papá les ofrece algún premio si sacan una buena calificación? Es porque él quiere animarles a que hagan un buen esfuerzo. De la misma manera Dios quiere que nos esforcemos en hacer buenas obras y nos quiere animar. Se entiende que debemos hacer el bien por el bien mismo, y porque sabemos que así le gusta a Dios, pero nuestro Padre celestial nos conoce muy bien y sabe que nos ayuda y anima si nos ofrece un premio.

En Mateo 5:11 y 12 el Señor estaba hablando a los que habrían de sufrir grandes pruebas y persecuciones, y les animó diciéndoles que por haber sufrido tales cosas su galardón sería grande en el cielo. Lean otra vez las promesas en que se mencionan los premios y notarán que cada una nos anima a ser fieles y a esforzarnos en la obra de nuestro Señor. (El maestro puede hacer una lista de las citas que se dan en las lecciones anteriores y presentarlas en este momento.)

Piense en los grandes premios que Dios ha ofrecido y vea si no le ayudan a ser más fiel. Todo lo que se haga bien, ya sea el trabajo en la escuela o el trabajo en la casa, cualquier cosa que sea, siempre que se haga por Cristo o en su nombre, recibirá premio. Aun un vaso de agua fría que se le dé a alguien, queriendo gradar a Jesús, recibirá su galardón en el cielo.

PARA EL CUADERNO DE NOTAS: Explique el diagrama a los niños a medida que lo vayan dibujando.

La Salvación y los Premios

Esta lección es distinta de casi todas las demás, porque aquí se estudia un pasaje de las Sagradas Escrituras, y no un grupo de citas que traten del mismo tema. Vea que los niños tengan sus Biblias (por supuesto, las deben tener siempre). Dígales que el propósito de este estudio es averiguar exactamente lo que significa el pasaje.

Procure llevar a los niños a los pies de Cristo como su Señor y Salvador.

Hoy estudiaremos cinco versículos del cap. 3 de I Corintios. Estos versículos hablan de los premios, y en este pasaje Dios nos dice exactamente lo que necesitamos saber. Estudiaremos los versículos uno por uno para aprender lo que quieren decir.

Primero leamos los versículos todos juntos - I Cor. 3:11-15.

El versículo 11 trata de la salvación: habla de la base o fundamento de nuestra fe. ¿Qué es un cimiento o fundamento? El cimiento de una casa es la estructura sólida sobre la que se han construido las paredes. Una casa sin cimientos luego se cae. En Mateo 7:24-27 tenemos la historia de dos casas, una con cimiento y otra sin él. La que no tenía cimiento se vino al suelo cuando la azotó la tormenta. Nuestro cimiento es el único fundamento verdadero que existe: el Señor Jesucristo. En él es en quien creemos y él nos guarda seguros y salvos.

Pero cuando se construye una casa, hay algo más que los cimientos, pues sobre los cimientos va el edificio. De esto es lo que nos habla el versículo 11. Jesús es el fundamento, el principio de nuestra vida cristiana, pero a medida que vamos viviendo, estamos construyendo cada día. Cada cosa que hacemos es como si colocáramos una nueva piedra o viga en el edificio. Hay distintos materiales que usan los creyentes. Unos usan oro, plata y piedras preciosas. Otros usan madera, heno y hojarasca. ¿Cuál construcción durará más? Esto nos lo explica el versículo 12. Pero el versículo 13 nos dice cómo se pone a prueba el edificio, ya no con una tormenta sino con fuego, el fuego de la justicia de Dios. Si comenzara un incendio cerca de estas casas, ¿se quemaría la que está hecha de oro, plata y piedras preciosas, o la que está hecha de madera, heno y hojarasca? Ya lo creo que la última se quemaría inmediatamente, mientras que la otra no, porque uno no puede encender un diamante o un pedazo de oro. El juicio de las obras de los creyentes demostrará inmediatamente si han construido su casa con el oro, plata o piedras preciosas de las buenas obras, o de la madera, heno u hojarasca de obras sin mérito. Notemos que ese "algunos" no se refiere a todos sino a los ceyentes. Si el profesor en la clase dijera: "El niño que quiera puede obtener uno de estos libros", no estaría hablando de todos los niños en general sino de los niños de su clase.

El versículo 14 nos trae nuevamente al tema que estamos estudiando, o sea los premios. ¿Qué es lo que nos dice? Que si la obra de algún creyente que ha edificado sobre el fundamento verdadero que es la fe en Cristo, permanece, o sea que resiste el fuego, recibirá premio. Eso es precisamente lo que hemos aprendido. En aquel día cuando Cristo venga y nosotros comparezcamos delante de él para ser juzgados por nuestras obras, él las pondrá a prueba y, si son buenas como el oro, la plata o las piedras preciosas, recibiremos un premio.

Pero el versículo 15 nos presenta el reverso de la medalla. Hay algunos que no han confiado en el Señor ni le han obedecido; personas que aunque son salvas, han preferido hacer su propio capricho. Han escogido las obras que eran de su agrado y que muy a menudo no eran buenas obras, sino obras de madera, de heno o de hojarasca. Cuando venga el fuego de la prueba (porque el fuego es un símbolo de cómo el Señor escudriña nuestras obras) se echará de ver que sus obras no servían, y serán "quemadas" o sea juzgadas como inútiles. Entonces la obra de esa persona "será perdida" - lo que quiere decir que perderá su recompensa. Pero siendo que se trata de una persona salva, no pierde su salvación sino únicamente su premio. "El mismo será salvo, aunque así como por fuego" - como si hubiera sido rescatado de una casa envuelta en llamas, rescatado él solo, sin sacar nada consigo. De seguro que todos nosotros queremos construir con oro, plata y piedras preciosas, para que seamos como el hombre mencionado al principio, y no como el segundo que perdió todas sus posesiones.

PARA EL CUADERNO DE NOTAS: Presente a su clase los símbolos y vea si los niños pueden dar las explicaciones correspondientes, según los versículos que se han estudiado.

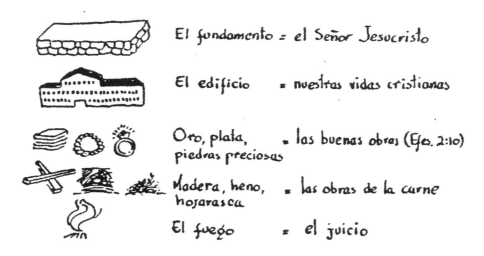

El fundamento = el Señor Jesucristo

El edificio = nuestras vidas cristianas

Oro, plata, piedras preciosas = las buenas obras (Efe. 2:10)

Madera, heno, hojarasca = las obras de la carne

El fuego = el juicio

VEANSE LAS PREGUNTAS SOBRE LA SALVACION Y LOS PREMIOS EN LA PAG. 144.

Eventos Futuros

Procure llevar a los niños a los pies de Cristo como su Señor y Salvador.

1. No todo el mundo ha de convertirse.
2. La apostasía.

¿No creen Uds. que sería una locura tratar de hacer algo que Dios dice que no puede hacerse? Sin embargo, muchos cristianos trabajan tesoneramente con la esperanza de convertir al mundo entero para que venga el milenio. ¿Saben Uds. lo que es el milenio? El milenio es el tiempo espléndido descrito en la Biblia como el reino de Cristo aquí en la tierra, cuando todos los que vivan entonces estarán bajo su mando. Pero a pesar de toda la magnífica labor que desarrollen los cristianos, no pueden lograr que todos se conviertan a Cristo.

¿Cuál fue el último mandamiento que dio el Señor Jesús a sus discípulos? Les dijo: "Id por todo el mundo y predicad el evangelio a toda criatura" (Mar. 16:15). Ese mandamiento es para nosotros también, y lo obedecemos cuando hacemos todo cuanto podamos para traer a los hombres a los pies del Señor Jesús. Podemos dar testimonio de lo que Cristo ha hecho por nosotros (Hech. 1:8), cómo nos ha salvado y quiere salvarlos a ellos también, pero no debemos pensar que podemos convertirlos. Sólo Dios puede dar vida eterna a los hombres. Tampoco debemos pensar que todos se van a convertir, porque su Palabra nos dice claramente que muchos rehusarán creer en Cristo (Juan 3:19; I Cor. 1:26; Mat. 13:1-23. Este último pasaje es la parábola del sembrador, en donde vemos que sólo una parte de la semilla lleva fruto. Explique los símbolos cuidadosamente, sin dejar nada a la imaginación de los niños, porque los símbolos no se entienden con facilidad.)

Ahora Dios está formando la Iglesia. Con esto no queremos decir que está levantando templos materiales, sino salvando a los que creen en el Señor Jesucristo, y haciéndolos parte de aquel gran grupo de creyentes que en la Palabra de Dios se llama La Iglesia. Hay muchas iglesias, pero sólo una gran Iglesia, a la que pertenecen todos los que han nacido de nuevo. No es ni presbiteriana, ni católica, ni bautista. Incluye a todos los que verdaderamente han nacido de nuevo por la fe en el Señor Jesucristo, sea cual fuere la denominación a que pertenezcan. Aquí no están incluídos todos los habitantes del mundo entero, pero habrá algunos de cada nación. Cuando se salve la última persona escogida por Dios para formar parte de su Iglesia, entonces vendrá el Señor Jesús la segunda vez.

En la Biblia leemos algunas cosas tristes que se refieren al tiempo anterior al de la venida del Señor. Se nos dice que antes de su venida se manifestará la apostasía. ¿Saben Uds. lo que quiere decir esa palabra? Apostasía quiere decir apartarse de la verdadera fe. Cuando la Biblia dice que antes del regreso de Cristo habrá una apostasía, quiere decir que muchos negarán a creer la verdad y se entregarán a la mentira. Esto se verá aun dentro de la iglesia — no en la Iglesia verdadera, por supuesto, compuesta por los que realmente han nacido de nuevo — sino en las iglesias. Esto se ve aun hoy día. Hay ministros de iglesias que se consideran fieles, que predican cosas que no se hallan en la Biblia, y que se atreven a decir que la Biblia no es la verdad (II Tim. 3:1-5; 4:3,4; II Pedro 2:1,2). Siendo que en nuestros días existe ya mucha apostasía, sabemos que el Señor Jesús puede venir muy pronto, por lo que anticipamos con gozo el momento en que lo hemos de ver. Mientras tanto, nuestro deber es pedirle que nos conserve fieles, y que no nos deje descarriarnos por la apostasía y la influencia de los que están enseñando y predicando mentiras.

PARA EL CUADERNO DE NOTAS: Explique el diagrama siguiente a medida que lo dibujen. Indique que el mundo camina hacia abajo, alejándose cada vez más de Dios. Entre tanto, Dios está llamando a los suyos, uno aquí y otro allá. Los que creen nacen de nuevo y son añadidos a la Iglesia.

Eventos Futuros

1. El arrebatamiento.
2. El juicio de los creyentes.
3. La cena de las bodas.

Cuando llegue el momento fijado por Dios, el Señor Jesús vendrá otra vez. No sabemos cuándo eso sea, pero puede ser en cualquier momento -- aun hoy mismo. Jesús nos enseña que debemos velar esperando su venida (Mat. 25:13). De pronto oiremos el grito y la voz del arcángel y la trompeta de Dios. Entonces los creyentes fallecidos resucitarán de entre los muertos y recibirán cuerpos hermosos y fuertes como el del Señor Jesús. Los creyentes que estén todavía vivos serán transformados, de modo que ellos también serán como Jesús (I Juan 3:2; Fil. 3:20, 21), y serán arrebatados juntamente con los resucitados de entre los muertos y saldrán para ir a encontrar al Señor en el aire. (Lea I Tes. 4:13-17.) Sería muy bueno que los niños de la clase trataran de explicar este pasaje frase por frase, y también I Cor. 15:51 y 52.)

Esta vez el Señor Jesús no bajará del todo hasta la tierra, sino que lo encontraremos en el aire, y nos llevará de regreso con él al cielo. ?Han visto Uds. cuando un imán levanta una aguja? Cuando el imán se le acerca, la aguja salta para unírsele. Pero el imán no recoge pedazos de madera. Del mismo modo, cuando Cristo venga, todos los creyentes irán a encontrarlo, pero los que no sean salvos no irán, así como la madera no se levanta para unirse al imán. Los inconversos se quedarán aquí en la tierra y tendrán muchas calamidades y mucho sufrimiento.

Después que el Señor Jesús nos haya llevado al cielo, habrá un período de juicio para nosotros. Allí habrá creyentes solamente, y por supuesto, no van a ser juzgados por sus pecados, porque Cristo murió por ellos y los lavó, de manera que ya no quedan ni el recuerdo de sus pecados: han sido perdonados y olvidados, se han ido. Pero Dios lleva un registro de nuestras buenas obras desde que creímos, y vamos a ser juzgados en cuanto a ellos. ¿Hemos construido nuestra vida con buenas obras (Ef. 2:10) que son fuertes y bellas como el oro, la plata o las piedras preciosas? ¿O hemos labrado nuestra vida con obras inadecuadas y débiles, que no agradan a Dios, como la madera, el heno y la hojarasca (I Cor. 3:12, 13)? El juicio pondrá a prueba nuestras obras, así como el fuego muestra la diferencia entre el oro, la plata, las piedras preciosas y la madera, el heno y la hojarasca. Dios sabe si hemos tratado de agradarle o no. Si nuestras obras han sido buenas, recibiremos un premio en este juicio (I Cor. 3:14), pero si no han sido buenas, si hemos sido creyentes perezosos y desobedientes, perderemos nuestro premio, y aunque seamos salvos, será así como si hubiéramos escapado de una casa envuelta en llamas, sin poder sacar de ella nada (I Cor. 3:15).

Entonces habrá gran regocijo en el cielo. Los que han ganado premios tendrán el gusto de ponerlos a los pies del Señor Jesús; y los que no los recibieron, estarán contentos por lo menos de haber sido salvados. Entonces habrá una gran fiesta, llamada las bodas del Cordero, el Señor Jesús. Cuando el papá y la mamá de Uds. se amaron mucho, se casaron para estar juntos todo el tiempo. Del mismo modo, el Señor Jesús siempre quiere estar con su pueblo, o sea su Iglesia. El es el Esposo, y la Iglesia (todos los creyentes) es la Esposa. Habrá grande alegría entonces, y desde ese momento en adelante, ya no nos volveremos a separar del Señor Jesús jamás (Apoc. 19:7, 8; I Tes. 4:18).

PARA EL CUADERNO DE NOTAS: Los niños deberán familiarizarse bien con este bosquejo o diagrama, y así será si lo dibujan con frecuencia. Dígales para que lo sepan, que Ud. espera que se familiaricen bien con él a fuerza de dibujarlo. No procure que se lo aprendan de memoria, sino más bien anímelos para que lo recuerden a medida que lo vayan dibujando, para que lo recuerden sin mayor esfuerzo.

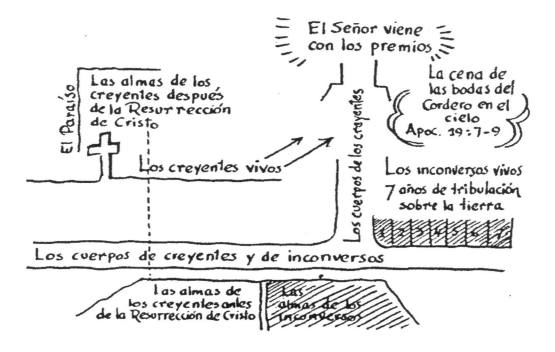

Eventos Futuros

1. La tribulación.
2. El Anticristo.
3. La tribulación de los creyentes.
4. Armagedón.

Cuando los creyentes hayan resucitado de entre los muertos, o hayan sido arrebatados con cuerpos transformados como el del Señor Jesús, aquí en la tierra se quedarán únicamente los que no son creyentes. ¿Pueden Uds. imaginarse cómo será el mundo el día que venga el Señor? Algunos niños y niñas habrán desaparecido de la escuela. Algunos dueños de tiendas, banqueros, conductores de autobuses, y ministros, y padres y madres también se habrán ido. Muchos de los inconversos que se habrán quedado aquí de seguro estarán temblando del miedo.

Por algún tiempo las cosas podrán marchar aparentemente bien. Aparecerá un gran hombre con nuevos planes a los gobiernos del mundo, y todos pensarán que es una maravilla. Obtendrán dominio sobre una gran parte del mundo; pero aunque parezca muy bueno y bondadoso, su corazón pertenece a Satánás, porque es el Anticristo. Después de unos tres años empezará a dejar que se vea su verdadero carácter, pues hará que pongan su imagen en el templo de Jerusalén y exigirá que le rindan adoración (II Tes. 2:3, 4; Apc. 13:15). También hará que todos lleven en la mano o en la frente una marca para mostrar su adhesión al Anticristo. El que no tenga esa marca no podrá comprar ni vender, y cuantos se resistan a adorar su imagen serán muertos.

Uds. se preguntarán cómo es que habrá quienes se nieguen a adorar al Anticristo, siendo que todos los creyentes ya habrán salido del mundo al principio de la Gran Tribulación. La respuesta es que durante esos tres años algunos de los inconversos ya habrán creído en el Señor Jesús. Dios enviará a Moisés y Elías como testigos, y muchos creerán. Muchos leerán la Biblia, y en ella aprenderán del Señor Jesucristo, y creerán en El y serán salvados. Será mucho más difícil para ellos entonces que para nosotros ahora, porque su vida estará en constante peligro, pues si se niegan a hacer lo que dice el Anticristo, los hará matar. Muchos de ellos sufrirán como mártires, muriendo por el nombre de Cristo. Apoc. 14:13 y 6:9, 10 hablan de esto. Muchos judíos también viajarán por todo el mundo predicando a Jesús.

Dios derramará grandes juicios sobre la tierra, porque será tiempo de ira. Los inconversos tendrán tanta aflicción y tribulación como no es posible imaginar. Habrá terremotos, hambres, guerras y pestes, y a pesar de todo esto, muchos inconversos no querrán entregarse al Señor: serán tercos en su incredulidad.

Por último, ya casi al final de esta Gran Tribulación, habrá una gran guerra en que participará todo el mundo. Todos estarán de uno o de otro lado. No sabemos cuánto tardará esta guerra, sólo sabemos que será muy terrible. La última batalla será la de Armagedón, descrita en Apoc. 16:14-16 y 19:17-19. Será una batalla terrible, pero será detenida cuando vaya por la mitad, porque el Señor Jesús mismo la hará cesar. El vendrá como lo describe Apoc. 19:11-16, y pondrá fin a la batalla. Entonces habrá terminado la Gran Tribulación. Las naciones que han desobedecido al Señor serán juzgadas y castigadas, y El establecerá su Reino sobre la tierra.

PARA EL CUADERNO DE NOTAS: Lo mismo de la semana pasada.

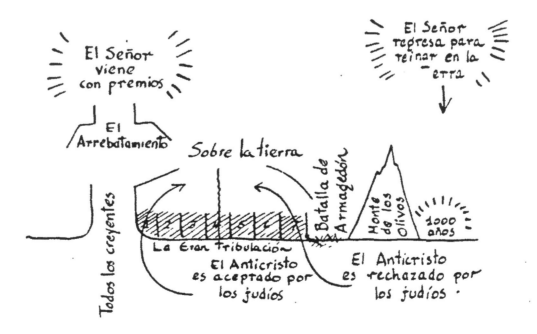

Eventos Futuros

1. El establecimiento del Reino.
2. El carácter del Reino.
3. La liberación de Satanás.
4. El juicio final y el estado eterno.

Después de la Gran Tribulación, en la batalla de Armagedón, Cristo volverá a la tierra. Cuando El vino a llevar a los creyentes, como Uds. recordarán, se encontraron con El en el aire. Ahora regresa hasta la tierra y pone los pies en el Monte de los Olivos (Zac. 14:1-4). Captura al Anticristo y lo arroja al lago de fuego, juntamente con los que adoraron su imagen (Apoc. 19:20). Entonces establecerá su Reino aquí en la tierra.

Ese será un Reino glorioso, establecido por el poder de Dios. Entonces el Señor Jesús no será humilde y manso, sino glorioso y poderoso (Isa. 9:7; Dan. 2:44; Zac. 2:11). El Señor Jesús regirá a los hombres con vara de hierro (Salmo 2:9), lo que quiere decir que será muy severo con el pecado. Si alguno peca, será castigado inmediatamente.

El Reino será un período de verdadera felicidad para todos los que aman al Señor. El mundo será revestido de belleza, y los desiertos se cambiarán en huertos (Isa. 51:3; 35:1). Los animales salvajes se volverán mansos (Isa. 11:6-9). Ninguno sufrirá daño en esos días, y lo mejor de todo es que el Señor Jesús estará presente siempre donde los humanos puedan verlo y platicar con El. Nosotros ya tendremos nuestros cuerpos renovados, hechos a su semejanza, que recibimos cuando vino la primera vez para llevarnos al cielo. Ya no habrá guerras, ni peleas, ni luchas. La capital del mundo será Jerusalén, y los judíos, que ya para entonces serán los que gobiernan constituirán la gente principal del mundo.

Ya Satanás no estará libre para tentar a los hombres, porque en los principios mismos del Reino es atado y arrojado al abismo por mil años (Apoc. 20:1-3). Durante esos mil años, no se le permitirá que engañe a las naciones. En el Milenio, cuando alguno haga mal, será por culpa propia, porque ya no será tentado por Satán. Indudablemente habrá malhechores, porque los hombres todavía serán pecadores, pero el Señor los castigará inmediatamente, y no habrá tantos pecados y crímenes al grado que los tenemos hoy día.

Al final de los mil años, Dios dará una prueba final a los hombres. Dejará que Satanás salga de su prisión por corto tiempo (Apoc. 20:7). Tan luego como salga, se dedicará a tentar y a engañar a la gente para reunirlos contra el Señor. Los corazones de los hombres son tan malos, que aun después de los mil años de justicia sobre la tierra estarán cansados de lo bueno y se unirán a Satanás para hacerle la guerra al Señor. Pero cuando se reúnan para pelear contra el Señor y los suyos, Dios los destruirá (Apoc. 20:8, 9).

Luego viene el gran juicio final. Satanás será lanzado al lago de fuego donde el Anticristo habrá estado por mil años. Se establecerá un gran trono blanco para juicio, y todos los muertos — los que han muerto sin creer en el Señor Jesucristo, comenzando desde el principio con Caín, el primer inconverso — serán reunidos delante de Dios para ser juzgados. Ninguno de los creyentes será juzgado, porque Cristo ya fue juzgado por ellos en la cruz. Todos aquellos cuyos nombres no estén escritos en el libro de vida del Cordero, serán juzgados según sus obras, y serán lanzados en el infierno con Satanás. Los salvos estarán en el cielo con Dios por toda la eternidad.

PARA EL CUADERNO DE NOTAS: Las mismas sugerencias que para la semana pasada.

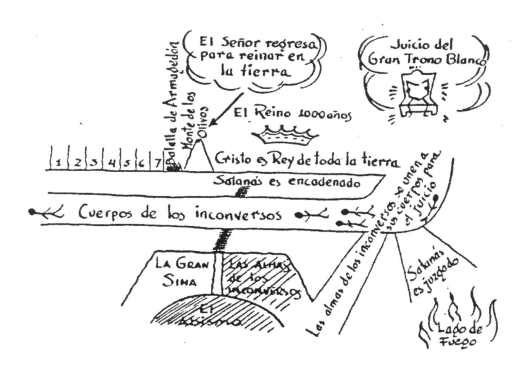

VEANSE LAS PREGUNTAS SOBRE
EVENTOS FUTUROS EN LA PAG. 145.

Satanás

Procure llevar a los niños a los pies de Cristo como su Señor y Salvador.

1. El origen de Satanás.
2. Su caída.

Dios no creó a Satanás como es ahora, siendo que es tan malo. Entonces, ¿de dónde vino Satanás? Ya sabemos que no se pudo hacer a sí mismo y, además, sabemos que Dios creó todas las cosas. La respuesta es que Satanás no siempre era lo que es ahora. Cuando Dios lo hizo, era perfecto y bueno, como todo lo que Dios hace.

En Ezequiel 28, comenzando con el versículo 12, tenemos una descripción de este ser tal como era cuando Dios lo hizo, "lleno de sabiduría, y acabado de hermosura". En el versículo siguiente vemos que toda piedra preciosa fue su vestidura — lo que puede también referirse al palacio en que vivía. De seguro era maestro en la música, porque habla de "tamboriles y flautas". Dios dice también en el versículo 14 que era un querubín grande, lo que indica que tenía un alto cargo en el reino de Dios. Parece que él era el que ocupaba el cargo más alto entre todos los ángeles, y que los gobernaba a todos ellos de parte de Dios. Su nombre, según Isa. 14:12, era Lucero, o Lucifer, y también se le llamaba "Hijo de la mañana". Lucifer quiere decir "portador de luz" o "estrella diurna" que a decir verdad es un nombre muy hermoso. Sin embargo, el ángel maravilloso que respondía a este nombre, se volvió nuestro peor enemigo.

Isaías 14:13-15 nos dice cómo sucedió. El ángel que siempre había adorado a Dios y había gobernado el universo en su nombre, dejó de pensar en lo grandioso que era Dios y empezó a pensar en sí mismo. Se enalteció su corazón a causa de su hermosura (Eze. 28:17). Tal vez pensó que sería muy agradable que todos aquellos ángeles que habían estado adorando a Dios con tanta fidelidad, lo adoraran a él en vez de Dios. En el instante en que se formaron estos pensamientos en su corazón, pecó, y este fue el primer pecado que jamás se haya cometido. Antes de eso todos habían sido perfectos. El hombre todavía no había sido creado, y todos los ángeles eran sin pecado. Desde luego, Dios era perfecto en absoluto. De modo que con el orgullo de Lucifer el primer pecado entró en el universo. ¿Nos parecerá extraño que Dios aborrezca con particularidad el pecado del orgullo?

En Isaías leemos lo que dijo Lucifer: "Subiré al cielo, en lo alto, junto a las estrellas de Dios levantaré mi trono . . . Sobre las alturas de las nubes subiré, y seré semejante al Altísimo". Lucifer quería ocupar el lugar de Dios, y se hubiera alegrado de quitar a Dios de su trono y tomarlo para sí mismo. Desde luego, se entiende que no lo podría hacer, pero eso no quita que haya cometido el pecado de desearlo.

Después de haber pecado, naturalmente, ya no podía seguir gobernando en nombre de Dios. Perdió su hermoso nombre y se volvió el diablo y Satanás. Ya no podía seguir viviendo en el cielo con Dios, y fue expulsado. El Señor Jesús, en Luc. 10:18, dijo: "Yo veía a Satanás caer del cielo como un rayo". Dios no le quitó todo su poder, pues no ha sido encadenado todavía, y sigue haciendo sus malas obras. Hay mucha gente que le pertenece y que forma parte de su reino, en vez de pertenecer al reino de Dios. El diablo aborrece a Dios y a todos aquellos que pertenecen a Dios. Aun más, no ama siquiera a los que le pertenecen, pues trata de hacerles todo el daño que está a su alcance.

Esta es una historia triste, porque el pecado siempre trae tristeza, pero nos explica de dónde vino el diablo y dónde comenzó el pecado. Nos alegramos de saber que Jesús derrotó a Satanás al morir en la cruz, y de que viene el día en que todas las malas obras de Satanás han de terminar y él mismo será eliminado para siempre jamás.

PARA EL CUADERNO DE NOTAS: Traiga círculos o rueditas de cartón a la clase para que los niños los usen como moldes para dibujar. Haga énfasis en que probablemente hay millones de años entre los versículos uno y dos del Génesis, y diga que no tenemos idea de cuánto tiempo duró la condición caótica descrita en el versículo dos.

Satanás

Procure llevar a los niños a Cristo como su Señor y Salvador.

1. La personalidad de Satanás.
2. Su obra en la historia.

¿Saben Uds. lo que es una persona? Uds. han visto a un gran número de personas, pero no todas son iguales. Dios es una persona, pero se diferencia mucho de los seres humanos. El no tiene cuerpo como nosotros. Los que han muerto y han ido al cielo, son personas, aunque por ahora no tienen cuerpo. Una persona es alguien que puede pensar, sentir y querer, o sea.decidirse a hacer algo.

Satanás es persona, aunque no es como nosotros, pues no es humano, pero puede pensar, sentir y decidirse, de modo que es persona. En Isa. 14:13 leemos que Satanás "decía en su corazón", —eso es pensar. Apoc. 12:12 nos habla de que tiene grande ira — eso es sentir. Y en Isa. 14:13 y 14 dice "subiré", "me sentaré", y "seré semejante" — lo que indica decisión. De modo que tiene todas las cualidades de una persona. No es una cierta cosa, sino una persona de gran sabiduría (Eze. 28:12).

Satanás no está en el infierno, ni jamás ha estado allí, si bien es cierto que llegará el día en que Dios lo ponga en el lago de fuego. A veces está en el cielo (Ef. 6:12; Job 1:6; Zac. 3:1 y 2), a veces entre el cielo y la tierra, porque lleva el nombre de "príncipe de la potestad del aire" (Ef. 2:2), y se dice que tiene su trono en la tierra (Apoc. 2:13) y lo tendrá aquí en los días del Anticristo (Apoc. 13:2).

Cuando Dios creó al hombre y la mujer, Satanás quería que lo adoraran como quiso que lo adoraran los ángeles al principio cuando pecó. Por eso vino a tentarlos, y pecaron y se volvieron hijos suyos (Gén. 3; I Juan 3:10). Pero Dios no dejó que Satanás hiciera todo cuanto quiso y que se apoderara de toda la raza humana para sí, pues inmediatamente prometió un Libertador que habría de destruir a Satanás (Gen. 3:15). Esto enfureció tanto a Satanás que se propuso a toda costa impedir el cumplimiento de las promesas de Dios. Por eso ha aborrecido siempre al pueblo de Israel, porque sabía que el Libertador prometido sería un descendiente de Abraham (Gén. 12:3). ¡Cuántas veces trató de destruirlos -- en el Mar Rojo, y en el tiempo de Ester cuando estaban cautivos! Siempre se esforzó por hacerlos caer en pecado, usando como instrumentos a sus malvados reyes. Finalmente, cuando el niño Jesús nació, procuró destruirlo (Mat. 2:16-18). Después, en Mat. 4, procuró tentarlo para ver si lo hacía caer en pecado, pues si lo hubiera logrado, Jesús no habría podido ser el Redentor. (Cuente estas historias tan gráficamente como le sea posible.) En otra ocasión levantó los ánimos del pueblo para que procuraran matar a Jesús (Luc. 4:28-30), y después levantó una gran tempestad en el mar para ver si podía ahogarlo (Mar. 4:35-41). Pero ninguna de sus tentativas tuvo éxito, porque Dios es mucho más poderoso que Satanás, y lo que Dios dice tiene que cumplirse.

Finalmente Satanás incitó a los cabecillas de los sacerdotes y a los fariseos y al pueblo para que crucificaran a Jesús. Dios le permitió hacer ésto, porque éste era su plan de redención. Satanás no sabía que estaba haciendo exactamente lo que tenía que hacerse para que Jesús pudiera salvarnos. A este tiempo se refería Dios en Gén. 3:15, cuando dijo: "Te herirá en la cabeza, y tú le herirás en el calcañar". Satanás hizo daño al Señor Jesús, pero no en forma irreparable, porque Cristo no estaba bajo su poder, y después de haber sufrido y muerto, resucitó. Pero Satanás sí recibió una herida mortal, porque Jesús le hirió la cabeza destruyendo su poder allí en la cruz. Ahora ya no puede tocar a los que son de Dios, y ya muy pronto será arrojado definitivamente.

PARA EL CUADERNO DE NOTAS: Explique que siendo Satanás un espíritu, tiene acceso o entrada a las tres estancias: el cielo, el aire y la tierra, pero finalmente ha de ser confinado a un solo lugar.

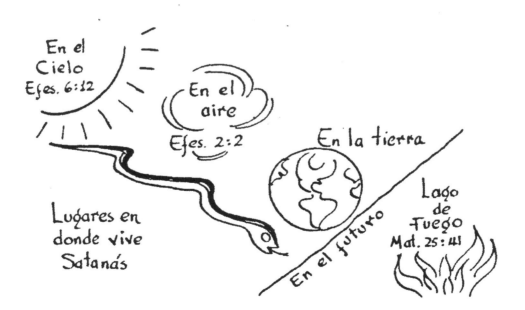

Satanás

Procure llevar a los niños a Cristo como su Señor y Salvador.

1. La obra de Satanás hoy en día.
2. Sus ayudadores.

Aunque nuestro Señor Jesucristo causó la destrucción de Satanás al morir en la cruz, Satanás todavía está libre y tiene mucho poder. Se le puede comparar a un criminal que ha sido declarado culpable, pero cuya ejecución no se ha efectuado todavía. ¿Qué está haciendo él hoy?

Su principal interés es evitar que los incrédulos se salven. Hace todo lo que está a su alcance para impedir que crean en el Evangelio (II Cor. 4:3,4). A veces parece un ángel de luz (II Cor. 11:14), pero sólo es para poder engañar a los hombres. Aborrece también a todos los creyentes y procura hacer que pequen, porque sabe que esto entristece al Señor Jesús (Hech. 5:3 — se puede contar esta historia brevemente — I Pedro 5:8). A veces hace que los creyentes hagan mal, pero no puede apartarlos del Señor, porque él ha prometido guardarlos. Eso fue lo que procuró hacer con Pedro, pero Jesús le dijo que había orado por él (Luc. 22:31). Sin duda tiene el permiso de Cristo para tentar a los creyentes, pero no los puede hacer que pequen, sino sólo los tienta. Si ellos se entregan a Dios y resisten al diablo, él huirá de ellos (Sant. 4:7).

Satanás es todavía muy poderoso. Cuando era bueno, tenía dominio de parte de Dios sobre todas las cosas. Ahora gobierna todo lo que se relaciona con lo malo. Es el príncipe de este mundo (Juan 14:30; 16:11). También es "el dios de este mundo" (II Cor. 4:4). Las gentes no se dan cuenta de que adoran al diablo, pero lo hacen, a menos que crean en el Señor Jesucristo (II Cor. 4:4).

Otra cosa que hace actualmente el diablo es acusar a los creyentes delante de Dios. Cuando uno peca, él va directamente a decirle a Dios: "¿Ves lo que está haciendo Fulano? Debieras castigarlo por eso. Ese no es cristiano" — o algo por el estilo. Por supuesto, Dios no le oye, porque está allí el Señor Jesús, y las heridas que lleva en las manos y en los pies muestran que ha muerto por nosotros, de modo que aun cuando pequemos tenemos perdón y somos limpios por su sangre. Apoc. 12:10 nos dice qué castigo recibirá finalmente el diablo, y allí se le llama "el acusador de nuestros hermanos". El libro de Job nos relata la historia de cómo acusó a ese buen hombre delante de Dios, diciendo que si se le quitaban los bienes y la salud, de seguro maldeciría a Dios. Era una mentira. Satanás es mentiroso y padre de mentira (Juan 8:44).

Sólo hay un diablo, pero tiene muchos ayudantes. Además de los hombres perversos que le ayudan, tiene otra clase de ayudantes, los espíritus malos llamados demonios. Estos espíritus malos entran en hombres y mujeres y se apoderan de ellos, los hacen muy perversos y a veces los enferman. Jesús siempre ayudó a los hombres en estos casos, echando fuera los demonios, que eran impotentes en su presencia. Cristo nos ha dado su Santo Espíritu y Satanás no puede vencernos si luchamos como Dios lo desea. En los evangelios frecuentemente leemos de los que estaban poseídos del demonio. Tenemos que librar una batalla espiritual con Satanás y sus ayudantes (Ef. 6:12), pero estamos seguros de obtener la victoria si nos ponemos la armadura de Dios (Ef. 6:13-17). Y no olvidemos jamás las palabras de Cristo: "Mayor es el que está en vosotros, que el que está en el mundo" (I Juan 4:4).

PARA EL CUADERNO DE NOTAS: Mientras los niños dibujen, explíqueles que es muy difícil hacer una presentación de un ser espiritual como Satanás. Muchos de los errores modernos que se relacionan con la personalidad de Satanás se han derivado del concepto que tenían del diablo los artistas de la Edad Media, que lo pintaban con cuernos, cola, y un tridente en la mano. Al dibujarlo en forma de serpiente, lo único que hacemos es representar uno de los aspectos de su personalidad: es engañoso y venenoso. También debemos recordar que es un ángel de luz. Haga énfasis en la verdad revelada en 1 Juan 4:4.

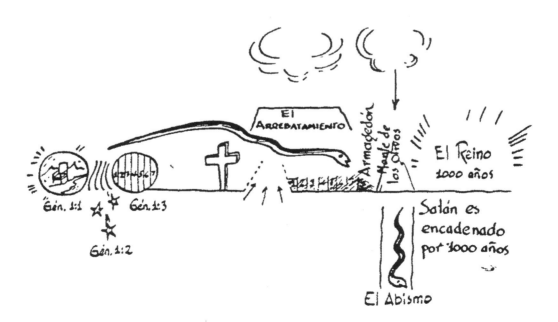

Satanás

Procure llevar a los niños a Cristo como su Señor y Salvador.

1. El futuro de Satanás.

Antes de ser lanzado finalmente al castigo eterno, Satanás procurará una vez más apoderarse de toda la tierra y de sus reinos. Para esto enviará a uno de sus siervos más poderosos para que le ayude en esta tarea.

Ya sabemos que el Señor Jesús ha de regresar a la tierra (y creemos que será pronto) a llevarse a los creyentes, sacándolos de este mundo. Entonces vendrá ese período triste de juicio que se llama la "Gran Tribulación". Antes que se pase la mitad de este período, Satanás ya no podrá acusar a los creyentes delante de Dios, porque será arrojado del cielo, donde ahora nos acusa (Apoc. 12: 7-12). Entonces principia su gran obra en la tierra. Escoge a un hombre a quien Dios llama el Anticristo, para que sea un poderoso gobernador de la tierra, y le da poderes sobrenaturales y hace que la gente lo adore. Este hombre hará cosas terribles, y finalmente pondrá su propia imagen en el templo de Jerusalén, y hará que todos lo adoren. Ya ven que es la misma treta de siempre que usa Satanás, de procurar que la gente lo adore. Este fue su primer pecado, y es lo que ha deseado desde entonces. Todo el que se niegue a adorarlo (porque algunos se salvarán aun en este tiempo tan terrible) y que se niegue a adorar al Anticristo, estará en peligro de perder la vida. Muchos de ellos serán muertos.

Por último, cuando hayan pasado siete años, se producirá una gran división entre los pueblos y naciones de la tierra, y se librará una gran batalla. En medio del más encarnizado combate, el Señor Jesús volverá otra vez, y parará la batalla, y echará al Anticristo en el lago de-fuego.

Ahora viene el castigo de Satanás. Será atado y lanzado al abismo también, por mil años (Apoc. 20:2). Durante esos mil años el Señor Jesús reinará aquí en la tierra, y Satanás no podrá tentar a nadie.

Pero cuando hayan pasado los mil años, Satanás será soltado por un poco de tiempo. Estará tan furioso que irá por todo el mundo para engañar a las naciones y reunir a la gente para que pelee contra el Señor. Aunque parezca extraño, los corazones de los hombres son tan indudablemente malos que aunque hayan estado viviendo por mil años bajo el reinado del Señor Jesús, muchos de ellos se unirán a Satanás en esta terrible batalla (Apoc. 20:7,8).

Por supuesto, ya se puede anticipar cuál será el fin de esta batalla, pues Satanás nunca podría ganar. Todavía no ha ganado su primera batalla, aunque a veces parezca como que está saliendo victorioso. La batalla termina de modo repentino, como lo describe Apoc. 20:9.

Entonces recibe Satanás su castigo final, descrito en sólo un versículo, pero que ha de durar para siempre jamás. Será lanzado al lago de fuego — para siempre. Es el fin terrible de una terrible historia, pero podemos ver que Dios es justo al castigar así al que trajo el pecado a la tierra.

PARA EL CUADERNO.DE NOTAS: Esté seguro de entender bien el diagrama, y entonces asegúrese de que los niños lo entienden también.

VEANSE LAS PREGUNTAS SOBRE SATANAS EN LA PAG. 145.

LA BIBLIA

1. ¿Cuáles dos cosas acerca de Dios podemos saber aparte de la Biblia?
2. ¿Por qué tuvo Dios que darnos la Biblia además de la naturaleza?
3. ¿Cuáles grandes problemas que discuten los hombres se contestan en la Biblia?
4. ¿Qué quiere decir la inspiración?
5. Diga de memoria II Pedro 1:21.
6. ¿Entendían los escritores de la Biblia lo que escribían?
7. ¿Qué es la Biblia, en quince palabras?
8. ¿Cómo podemos entender la Biblia?
9. Nombre cinco cosas a que la Biblia se parece.
10. Diga tres cosas que la Biblia hará para los cristianos.

LA LIBERTAD

1. ¿De cuáles tres cosas es esclavo un inconverso?
2. ¿Qué dijo una anciana negra acerca de Satanás?
3. Diga cuatro cosas de que el creyente es libertado.
4. ¿Qué hay en los corazones de aquellos que no tienen a Cristo como Rey?
5. ¿Puede el Señor Jesús librarle a Ud. de todos sus temores? ¿Le ha permitido Ud. que lo haga? ¿Cuándo?
6. ¿Nos hacemos libres del pecado cuando luchamos contra él?
7. ¿Tienen los cristianos que ser dominados por el pecado?
8. ¿Es Satanás el amo de todos los que son esclavos del pecado?
9. ¿Nos hizo libres del pecado el Señor Jesús por medio de su vida, o de su muerte?
10. ¿Quién es el Señor de todos los que son libertados del pecado?

LA SALVACION Y LOS PREMIOS

1. ¿Recibirán algún premio de Dios los que no son salvos?
2. ¿Recibirán mayor premio los cristianos muy talentosos, que los demás? ¿Por qué?
3. ¿Cuáles serán los premios que Dios nos dará?
4. Diga cuando menos cinco cosas por las cuales podemos recibir premios.
5. ¿Cuál recibimos como un regalo: la salvación, o los premios - o las dos cosas?
6. ¿Qué podemos hacer para ganar la salvación?
7. ¿Cuándo se reciben los premios?

8. a) ?Cuándo recibimos la salvación?
9. b) Si realmente hemos "nacido de nuevo", ¿es posible que perdamos la salvación?
10. Explique I Cor. 3:15 de tal manera que lo entienda una persona que no sabe nada de la salvación ni de premios. (Para esta pregunta se permite tener la Biblia abierta.)

EVENTOS FUTUROS

1. ¿Se convertirá todo el mundo antes que venga Jesús?
2. ¿Qué quiere decir la Iglesia?
3. Cuando Jesús venga, ¿qué sucederá a los cristianos que han muerto?
4. Cuando Jesús venga, ¿qué sucederá a los cristianos que estén vivos?
5. Dice la Biblia, que antes de venir Jesús habrá una apostasía. ¿Qué es esto?
6. Diga lo que sabe acerca del juicio de los inconversos.
7. ¿Qué sucederá a los inconversos cuando Jesús venga para llevarse a los cristianos?
8. Diga lo que sabe de la clase de persona que será el Anticristo.
9. ¿Qué sucederá al final de la Gran Tribulación?
10. Diga lo que sabe acerca del Reino, y de lo que sucederá al final de los mil años.

SATANAS

1. Diga algo acerca de Lucifer, antes de su caída.
2. ¿Cuál fue el pecado de Lucifer?
3. ¿Cómo sabe Ud. que Satanás es una persona?
4. ¿Dónde está Satanás ahora?
5. Cuente de cómo Satanás tentó a Adán y a Eva.
6. ¿Por qué quería Satanás matar a Jesús?
7. ¿Qué trata Satanás de hacer con los inconversos? ¿Y con los creyentes?
8. ¿Quiénes ayudan a Satanás?
9. ¿Cómo podemos vencer a Satanás y a sus ayudadores?
10. a) ¿Dónde estará Satanás durante los mil años del reinado de nuestro Señor sobre la tierra?
    b) ¿Qué hará Satanás al final de este tiempo, y qué se hará de él entonces?

CURSO CUATRO

Creyentes e Inconversos

El contraste entre ambos con relación al pecado.

Procure hacer muy clara la distinción entre creyentes e inconversos.
El mundo reconoce diferentes "clases" sociales, pero para Cristo sólo hay dos clases
en el mundo: creyentes e inconversos.

1. El contraste con relación al pecado.
   (a) El creyente es salvo.
   (b) El inconverso está perdido.
   (c) El creyente está muerto al pecado.
   (d) El inconverso está muerto en pecado.

En la escuela de Uds. hay muchos grados, y en cada grado hay diferentes clases de alumnos. Tal vez algunos son inteligentes y otros más lerdos; unos bonitos y otros feos; unos están adelantados y fuertes y otros enfermizos. Pero cuando Dios mira esa escuela o cualquier otro grupo de gente en el mundo, no hace esa diferencia de clases, sino divide a toda la gente en sólo dos grupos: los que son creyentes y los que son inconversos. Si pudiéramos construir una cerca muy larga y reunir a toda la gente del mundo, podríamos ponerlos a todos de un lado de la cerca o del otro. Ninguno podría sentarse encima de la cerca, porque no existen los medio creyentes. Es muy importante saber de qué lado de la cerca se encuentra uno, porque para los creyentes hay cosas maravillosas, mientras que para los inconversos hay muchas cosas terribles.

Ya Uds. saben lo que sucede en el momento que uno cree en el Señor Jesucristo como su Salvador. Desde ese momento queda salvo, porque leemos en Hechos 16:31: "Cree en el Señor Jesucristo y serás salvo". Hay muchas otras cosas magníficas que suceden al mismo tiempo, y ahora vamos a estudiar algunas de ellas.

Pero antes que todo pensemos en la diferencia que existe entre los que están del lado de los "salvos" y los del otro lado — el lado de los inconversos. Si escribimos la palabra "salvos" del lado de creyentes, ¿qué palabra escribiremos del lado de los inconversos? La palabra "perdidos" — tienen razón. ¿Saben Uds. lo que significa estar perdido? Cuando alguno de Uds. ha perdido su lápiz, quiere decir que se le ha ido, que ya no lo tiene, que ya no le sirve, porque no lo puede encontrar. Cuando un alma está perdida ya no le sirve a Dios. También se puede decir que un barco se ha perdido en el mar. ¿Qué queremos decir con eso? Aunque fuera posible juntar todos los pedazos del barco en un lugar, si es un barco "perdido", ya no sirve; ya está arruinado y destruido. Así se arruina un alma perdida. Dios sabe donde está, pero está lejos de él, y en un estado terriblemente peligroso, porque si un alma queda perdida hasta la muerte, se pierde para siempre. Las buenas nuevas que tenemos para los inconversos, los perdidos, es que pueden pasarse inmediatamente del otro lado de la cerca, donde están los salvos, si así lo desean. El Señor Jesús es la puerta. Todo aquel que por él entrare, será salvo. (Busque los pasajes y discútalos, haciendo que los niños los señalen en sus Biblias. Ef. 2:8-9; II Tim. 1:9; Juan 3:18; II Cor. 4:3,4.)

¿Sabían Uds. que muchas de las personas con quienes se encuentran en la calle están muertas? Puede ser que vayan caminando como Uds., pero si no han creído en el Señor Jesús, están muertas en pecado (Ef. 2:1). Tienen muerta el alma. Uds. recuerdan la historia del primer pecado. (El maestro puede dar un breve resumen u obtenerlo de los niños por medio de preguntas.) Dios dijo al hombre y a la mujer que en el día que le desobedecieran, de seguro morirían. Y efectivamente murieron -- primero sus almas y después sus cuerpos. Desde entonces los hombres y las mujeres han estado muertos mientras permanezcan incrédulos. ¿Entonces sólo cuando creen en el Señor Jesucristo reciben la vida? ¿Qué nos dice de esto Juan 3:16? ¿Y I Juan 5:12? Los dos puntos que dividen el versículo son como una cerca que separa a los salvos de los perdidos, a los muertos de los vivos.

¡Y aunque parezca extraño, también los creyentes pueden estar muertos! Pero es una buena manera de estar muertos -- porque la Biblia nos dice que estamos muertos al pecado. Tenemos la nueva vida eterna que Dios nos dio en el momento en que creímos, y Dios dice que nuestra vida vieja de pecado ha sido crucificada con Cristo. Así que ahora cuando Satanás venga a tentarnos, le podemos decir: "Estoy muerto al pecado; ya no tengo que ceder a tus tentaciones". En Romanos 6:11 Dios nos da su Palabra acerca de esta admirable clase de muerte.

PARA EL CUADERNO DE NOTAS: Diga a los niños que hagan dos columnas en su cuaderno, con una línea vertical que las divida. Que encabecen una columna con el nombre de "Creyentes" y la otra con el de "Inconversos". Bajo la palabra "Creyentes" pueden escribir con letras grandes de molde, SALVOS, y bajo "Inconversos", PERDIDOS; después, MUERTOS AL PECADO y MUERTOS EN PECADO. Sería bueno que pongan una cita bíblica debajo de cada una. O tal vez los niños prefieran hacer una ilustración inventada por ellos mismos. De todos modos, procure que el trabajo se vea bien, y que las letras estén bien hechas para que sirvan de adorno a su cuaderno.

Creyentes e Inconversos

El contraste entre ellos en cuanto a la familia.

Procure evitar cualquier incomprensión en lo que se refiere a la paternidad de Dios y la fraternidad del hombre.

El derecho de ser hijo.
El contraste en cuanto a la familia.
1. El inconverso es un hijo de Satanás.
2. El creyente es hijo de Dios por medio del nuevo nacimiento.

Supongamos que María Pérez fuera adonde el papá de Juanita Sánchez y le dijera: "Papá, ¿quiere darme dinero para llevar a la Iglesia?" ¿Qué piensan que diría el señor Sánchez? Tal vez pensaría que María estaba todavía medio dormida. De todos modos, sabría que la niña se había equivocado al decirle "Papá". No todos le pueden decir "Papá" al papá de uno. El papá de uno de ustedes es papá de sus hermanos y hermanas, pero no es papá de todos sus amigos, ¿verdad?

Hay gente que comete el error de decir que cualquiera en el mundo puede llamar Padre a Dios. Siendo que Dios nos hizo a todos, dicen, todos somos sus hijos y podemos llamarlo Padre. Pero esto no es cierto, y quien lo dijo es el Señor Jesucristo mismo.

Un día Jesús estaba hablando con los sabios y religiosos de la ciudad de Jerusalén. Aunque eran sabios y religiosos, tenían corazones malos, porque odiaban al Señor Jesús y querían matarlo. Ellos le dijeron: "Un Padre tenemos, que es Dios". Pero Jesús les respondió: "Si vuestro Padre fuera Dios, ciertamente me amarías, porque yo de Dios he salido, y he venido..." (Juan 8:41-42). Cuando Jesús les dijo: "Si vuestro Padre fuera Dios..." mostró claramente que Dios no era el Padre de ellos, porque no amaban al Señor Jesús sino lo aborrecían. Pero para decirlo más claramente, les dijo quién era el padre de ellos. Es una cosa tremenda, que nos sorprendería si algún otro lo hubiera dicho, pero siendo que El mismo lo dijo, sabemos que tiene que ser la verdad. Jesús les dijo: "Vosotros sois de vuestro padre el diablo" (Juan 8:44). Así que estos sabios y religiosos no tenían por padre a Dios, sino a Satanás.

Lo mismo se puede decir de todos los que no creen en el Señor Jesucristo. No son de la familia de Dios; son de la familia de Satanás, quien es su padre. Aun cuando oran: "Padre nuestro que estás en los cielos", pensando que están orando a Dios, sus oraciones van directamente a Satanás.

Con todo, nadie tiene que ser hijo de Satanás más tiempo del que quiera serlo. Dios ha preparado una manera en que podemos cambiar de familia. Esta bendición de que podemos abandonar la familia de Satanás e ingresar a la familia de Dios, como todas nuestras demás bendiciones se debe a que el Señor Jesucristo murió en la cruz por nosotros. El Espíritu Santo, hablando por el apóstol Juan, dijo: "Mas a todos los que le recibieron (al Señor Jesús), a los que creen en su nombre, les dio potestad de ser hechos hijos de Dios" Juan 1:12. Como se ve, es muy fácil salir de la familia de Satanás y entrar en la familia de Dios. Esto sucede cuando recibimos al Señor Jesucristo, o sea cuando creemos en su nombre. Entonces ya tenemos el derecho de llamar Padre a Dios, y El nos llama hijos e hijas.

¿Cómo llega uno a ser hijo o hija de sus padres? Al nacer en la familia, ¿no es así? Exactamente del mismo modo llega uno a ser hijo de Dios: uno nace en la familia de Dios. El Señor Jesús dijo a Nicodemo: "Os es necesario nacer de nuevo". Al nacer otra vez, recibimos una nueva vida, la vida de Dios, y este nuevo nacimiento nos hace miembros de la familia de Dios.

PARA EL CUADERNO DE NOTAS: Explique que aunque uno suba más alto en la familia del diablo, eso no lo hace cambiar de familia. Dibuje la cruz primero.

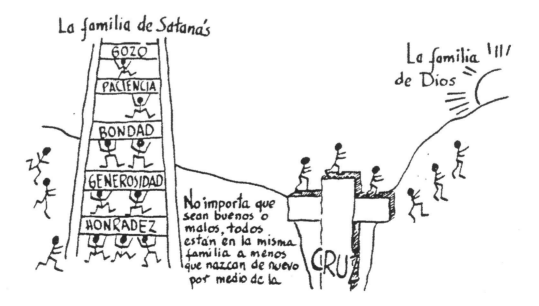

Creyentes e Inconversos

El contraste en cuanto a su posición delante de Dios.

Los inconversos no pueden orar a Dios como a su Padre — aun más, ni siquiera pueden dirigirse a Dios en oración. Cristo dijo: "Nadie viene al Padre sino por mí" (Juan 14:6). Pero los creyentes sí pueden acercarse a Dios sin ningún temor. El no está distante, como si fuera algún gran monarca que inspire temor. El es nuestro Padre. Los niños de las calles de Londres podrán sentir miedo de hablar con el rey, pero de seguro que las dos princesitas no tienen ese temor. Así que, aunque Dios sea tan grande, es nuestro Padre, y podemos hablarle con tanta confianza como le hablaríamos a nuestro padre en la tierra.

Por lo mismo que Dios es nuestro Padre, es que queremos agradarle. ¿Se acuerdan Uds. cómo se sintieron cuando hicieron alguna cosa mala y llegó a saberlo su papá o su mamá? Era como si una barrera se hubiera interpuesto entre ustedes y ellos: era la la cosa mala que hicieron. Algo semejante sucede con los que no creen en Cristo, sólo que mil veces peor: su pecado se coloca entre ellos y Dios. Nada de lo que hagan puede agradar a Dios hasta que reciban a Cristo y abandonen su pecado. Nunca podrán ser verdaderamente felices sino hasta que sean creyentes, aun cuando a veces parezcan alegres. En cuanto se ponen a pensar seriamente en la vida y en la muerte, son como el mar en tempestad, que no puede estarse quieto. Puede ser que ellos nieguen que son infelices, pero Dios así lo afirma, y naturalmente tenemos que preferir creerle a Dios que a ellos, porque Dios dice que no tienen paz (Isa. 57:20, 21).

El inconverso está separado de Dios (Ef. 2:12; Isa. 59:2). Y al morir sigue separado de Dios (Juan 8:21, 24). Eso es el infierno en realidad, la separación de Dios. Puede ser que los hombres no se pongan de acuerdo en cuanto a ciertos detalles del infierno, pero lo menos que se puede decir, es que es un lugar alejado de Dios. Cuando el Señor Jesucristo murió en la cruz, llevó nuestros pecados, y se sintió separado de Dios el Padre, así como lo estaríamos nosotros si todavía estuviéramos bajo el peso de nuestros pecados. Por eso fue que exclamó: "Dios mío, Dios mío, ¿por qué me has desamparado?" (Mat. 27:46). El Señor Jesús en la cruz sobrellevó el infierno por nosotros, y por haber hecho eso es que nosotros podemos ahora ser salvos. Pudiera decirse que la esencia del cristianismo se halla en estas tres frases: Yo merecía el infierno; Jesucristo tomó el infierno que me tocaba a mí, y ahora no me queda más que el cielo de él.

Los creyentes estamos muy cerca de Dios. Dice un antiguo

himno que no sería posible estar más cerca, porque en la persona de su Hijo, estamos tan cerca como él mismo.

Otro contraste entre el creyente y el inconverso es que el inconverso está bajo la ira de Dios, mientras que nosotros gozamos de su favor. No es nada agradable que alguien esté enojado con uno, y eso precisamente es lo que la Biblia dice en muchos pasajes, que Dios está airado contra los inconversos (Prov. 1:24-29; Juan 3:18, 36; Rom. 1:18). Con razón está enojado con ellos, aun cuando sean buenos y bondadosos y caritativos, según usa el mundo estas palabras. Al rehusar aceptar al Señor Jesucristo como su Salvador, no creen en la Palabra de Dios acerca de su Hijo, y Dios dice que eso es hacerlo mentiroso (I Juan 5:10). No es necesario cometer un crimen horrible como el homicidio o el robo para hacerse merecedor de la ira de Dios. El pecado de la incredulidad es un pecado terrible para él, aunque parezca pequeño en la opinión del hombre. Pero tan pronto como creemos, ya no estamos bajo la ira de Dios, sino que gozamos de su favor.

PARA EL CUADERNO DE NOTAS: Repase la lección con los niños mientras ellos dibujan.

Los inconversos están lejos de Dios y bajo la ira.

Vuestras iniquidades han hecho división entre vosotros y vuestro Dios. Isa. 59:2

CIELO

Los creyentes están cerca de Dios y gozan del favor divino.

Ahora en Cristo Jesús, vosotros que en otro tiempo estabais lejos, habéis sido hechos cercanos por la sangre de Cristo. Efes 2:13

LA UNICA PUERTA

Creyentes e Inconversos

Procure llevar a los niños a los pies de Cristo como su Señor y Salvador.

1. El inconverso tiene seguro el infierno.
2. El creyente tiene seguro el cielo.
3. El inconverso espera la muerte y el juicio.
4. El creyente espera a Cristo y la gloria.

Cuando Uds. salen de la escuela por la tarde, se van derecho a su casa, ¿no es así? Y cuando llega la hora de la cena o la hora de acostarse, de seguro que no cometen la equiv ación de ir a la casa de algún vecino pensando que es la de ustede . De igual manera los creyentes y los inconversos tienen sus casas, y cuando terminan su vida aquí en la tierra se van a sus ca as. Pero esas casas u hogares son muy diferentes. La de los inconversos no se puede llamar un hogar, porque el hogar es un lugar bello, agradable, donde reina el amor, y en el lugar adonde ellos van no hay ni belleza ni amor; pero es el lugar adonde tienen que ir, porque allí les cu responde.

Los inconversos van caminando cuesta abajo en el camino que conduce al infierno. Si siguen como van, tarde o temprano tendrán que llegar allí. Y de eso no nos cabe ninguna duda, porque así lo dice la Palabra de Dios (Apoc. 21:8; Sal. 9:17). El camino por donde van es el camino de la incredulidad, que remata en el infierno, el lugar a donde van los inconversos con toda seguridad, aunque no se den cuenta de ello o no lo quieran creer.

En cambio, los creyentes tienen seguro el cielo: el lugar y el hogar que les corresponde. Y esto no se debe a que sean mejores que los inconversos (Tito 3:5), sino sencillamente a que han creído en el Señor Jesucristo, y Dios dice que los que creen son salvos y van al cielo (I Pedro 1:4; II Tim. 4:18). El Señor Jesús dijo que quería que estuvieran con él para siempre (Juan 17:24), y El estará en el cielo, de modo que allí estarán los creyentes con él. Estamos más seguros de llegar al cielo que de llegar a nuestras casas al salir de la escuela. Algo nos podría suceder y ya no alcanzaríamos a llegar a nuestras casas, pero si somos creyentes, no hay nada que nos pueda impedir llegar al cielo.

A los inconversos les espera un terrible juicio, cuando los libros serán abiertos y sean juzgados según sus obras. Entonces se darán cuenta de que ni siquiera sus buenas obras podrán salvarlos, y todos aquellos cuyos nombres no se hallan escritos en el Libro de la Vida, serán lanzados en el infierno (Apoc. 20:12, 13). El futuro que les espera a los inconversos es la muerte, y después el juicio (Heb. 9:27).

Pero a los salvos, los que creen, no les esperan nada semejante. Se pueden morir, es cierto, pero la muerte será apenas un momento entre el cielo y la tierra. San Pablo hasta deseaba morir para poder estar con Cristo (Fil. 1:21, 23). Pero pueda que los creyentes ni aun tengan que morir, porque Cristo puede venir en cualquier momento, y entonces se irán directamente al cielo sin tener que morir (I Cor. 15:51, 52; Fil. 3:20, 21; Heb. 9:28). Y a los creyentes no les espera ningún juicio por el pecado, porque Cristo lo llevó en la cruz (Juan 5:24). Lo único que les espera es la gloria, no porque la merezcan, sino porque Dios bondadosamente ha decidido darla a todos los que creen (Rom. 8:18).

Se dice que muchos chinos compran su caja mortuoria años antes de morir, y la guardan en sus casas, para tenerla lista cuando la necesiten. Un chino rico que tenía un hermoso ataúd se convirtió al evangelio. Inmediatamente mandó que escribieran unos rótulos en letras chinas en los extremos de la caja, para que cuando llegara la hora de su entierro, la gente de su pueblo supiera a donde iba. En la parte delantera de la caja puso las palabras: "Los muertos en Cristo resucitarán" (I Tes. 4:16). En la parte de atrás se leía: "Así sea, ven, Señor Jesús" (Apoc. 22:20). Qué gran cambio se efectuó en su manera de pensar, porque antes de ser creyente, lo único que había pensado era que tenía que quedar muerto para siempre.

Los creyentes
salvos
sus pecados perdonados
hijos de Dios
cerca de Dios
gozan del favor de Dios
están seguros del cielo.

La MUERTE es
un precipicio
que divide y separa
a todos los hombres
eternamente.

Los inconversos
perdidos
muertos en pecado
hijos de Satanás
lejos de Dios
tienen la ira de Dios
están seguros del infierno

VEANSE LAS PREGUNTAS SOBRE CREYENTES E INCONVERSOS EN LA PAG. 190.

La Seguridad del Creyente

Esta seguridad descansa en la obra de Cristo.

Una vez oí que un hombre decía: "Estoy tan seguro de llegar al cielo, como de que Cristo estará allí". Este hombre o es muy bueno, pensé yo, o muy jactancioso. Pero a medida que llegué a conocer la Biblia, aprendí que no había nada bueno en él, y que tampoco era jactancioso. Lo que pasaba era que conocía a Dios y sabía lo que enseña la Biblia, y por lo tanto, no podía menos que decir que estaba tan seguro de ir al cielo como de encontrar a Cristo allí.

¿Qué es lo que Dios demanda de nosotros para que podamos llegar al cielo? No puede pedir nada menos que la perfección, porque El es perfecto, y si El dejara que los imperfectos llegaran al cielo, diríamos que sus normas no eran perfectas. Todos hemos visto las balanzas antiguas que se usan para pesar. Pues bien, si uno pone una pesa de una libra en un lado, ¿cuánto tiene que poner en el otro para balancearlo? Una libra. Diez onzas no bastarían. Y si la balanza está bien graduada, hay que poner dieciséis onzas, porque ni aun quince y una fracción la pondrán en equilibrio.

En el mundo tenemos tres clases de gente: los muy malos, los medianos y los muy buenos. Pesemos primero a los hombres muy malos en la Balanza de Dios. Llamémosle homicida, ladrón, mentiroso o cualquier otro nombre. Como hay un proverbio que habla de honradez entre ladrones, pongamos dos onzas de buenas obras a su favor. Pero dos onzas no igualan los platos de la balanza, y tenemos que ponerlo entre el montón de los perdidos.

Ahora nos toca el caso de un hombre mucho mejor, según la forma en que el mundo aprecia la bondad. Es el caso de un ciudadano cualquiera. Se porta bastante bien como para no ir a la cárcel, pero es lo suficientemente malo como para hacer todo lo que se le antoja. Es un pecador amable, considerado por sus amigos como un buen "tipo" que siempre está listo a hacerle un favor a alguno. Tiene a su haber, por así decirlo, ocho onzas de bondad. Pero ocho onzas no alteran el equilibrio de los platos de la balanza, así que lo dejamos en el montón de los perdidos.

Cuando hayamos pesado a los muy malos y a los de término medio, ya son muy pocos los que faltan. Tomamos a uno de esos pocos restantes, y nos damos cuenta de que es un profesor de moral. Este señor se esfuerza por pensar rectamente y hacer bien todo lo que hace. Procura establecer la diferencia entre el bien y el mal. Todos dicen que es un hombre magnífico, que sería un juez ideal, que es la persona más buena que conocen. La mamá de Juanito dice que deseara que su hijo llegara a ser como él, pues es un señor tan bueno. Preguntémosle, pues, cuántas onzas pesa. ¿Es perfecto? ¡Ya lo creo que no! El mismo admite que no es perfecto. Confiesa que es mejor que un bandido y dice que en todo procura hacer lo mejor que esté a su alcance. Si al uno dimos dos onzas y al otro ocho, él dice que le anotemos nueve o diez. Pero como sabemos que es muy modesto, ponemos trece onzas a su favor. Pero trece onzas no bastan para mover los platos de la balanza, y resulta que este buen profesor tiene que quedar en el mismo montón con los bandidos y la gente corriente. Esto a veces encoleriza a estas personas, y se preguntan qué clase de Dios es el nuestro que las pone en la misma categoría con los peores de la tierra. Pero nuestro Dios es un Dios santo, que exige perfección. Entonces, ¿quién podrá salvarse? Todos — los malos, los ordinarios y los muy buenos, todos son pecadores. Pero aquí es donde Dios nos señala la cruz de Jesucristo. Nos dice que ha provisto su propia justicia como un regalo, y que lo pondrá a la cuenta del que venga a él con las manos vacías, sin sus dos, ocho, o trece onzas de buenas obras. Venimos sin nada que podamos llamar propio, y por fe recibimos el don de la justicia de Dios en Cristo. Con esto nos dirigimos a la balanza de Dios y ponemos a Cristo en contrapeso con la perfección que Dios demanda. La balanza se mueve, y Dios nos lleva al cielo, no en razón de nuestra bondad imperfecta, sino sobre la base de la perfección de Cristo. Por fe echamos mano de Cristo y lo ofrecemos a Dios. Entonces Dios nos lleva al cielo por lo que Cristo es. De modo que podemos tener completa seguridad, porque Dios ha encontrado en Cristo todo lo que demandaba de nosotros y nosotros quedamos libres para siempre.

PARA EL CUADERNO DE NOTAS: Que los niños escojan un versículo y que lo escriban debajo del dibujo.

La justicia del hombre

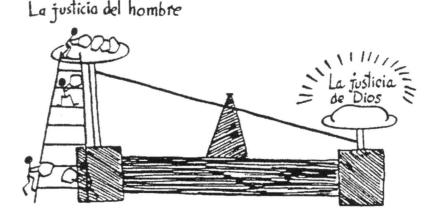

La Seguridad del Creyente

Procure hacer que los niños tengan completa seguridad de su posición en Cristo.

1. Lo que se entiende por plena seguridad.
2. El sacrificio de Cristo fue completo.

Si yo les preguntara: "¿Están vivos?" no me contestarían: "Supongo que sí", ¿verdad? Uds. sabrían con seguridad si estaban vivos. Hay cosas que sería necio poner en duda. Ahora vamos a hablar de una de esas cosas, aunque mucha gente no tiene seguridad de ella. Tal vez.Uds. mismos no se sienten seguros, pero cuando terminemos la lección ya tendrán toda seguridad.

Si yo le preguntara a alguno: "¿Es Ud. salvo?" ¿qué me contestaría? Mucha gente contestaría: "Espero que sí" o "Estoy procurando salvarme" o "Espero salvarme algún día". Pero todas esas son contestaciones muy necias. Uds. y yo vamos a descubrir por qué, porque ninguno que conozca la Biblia podría dar una respuesta incierta. Cada creyente debiera tener completa seguridad. Tener esa completa seguridad es tener la certidumbre de que uno es salvo. ¿Tiene Ud. la seguridad de ser salvo, o es Ud. un creyente de "tal vez sí?" Vamos a ver qué dice la Palabra de Dios, para encontrar por qué y cómo tenemos seguridad de nuestra salvación.

Lo que necesitamos saber es cómo somos salvos. ¿Pueden Uds. decírmelo, dándome un versículo? (La clase debería citar Hechos 16:31 y decir que son salvos por la fe al creer que Cristo murió por ellos. Si hay alguna duda, aclare este punto completamente.) ¿Somos salvos por las buenas obras? Busquen Ef. 2:8, 9. En estos versículos vemos que las buenas obras no tienen nada que ver con nuestra salvación. No somos salvos por lo que hacemos nosotros, sino por lo que Cristo hizo. Cuando el carcelero de Filipos preguntó al apóstol Pablo qué debía hacer para ser salvo, no le contestó que "Creyera en el Señor Jesucristo y fuera a la iglesia", o que "Creyera y se portara bien", o que "Creyera y orara". Lo único que dijo fue: "Cree en el Señor Jesucristo". No hay ninguna "Y" agregado a la salvación. Ahora les voy a hacer tres preguntas: 1. ¿Cómo se salva Ud. ? (La contestación correcta se halla en Hechos 16:31.) 2. ¿Cree Ud. en el Señor Jesucristo? (La contestación frecuente es "Sí".) 3. ¿Es Ud. salvo? (Muy probablemente contestarán "Sí" a menos que tengan muy arraigada la idea de la salvación por obras. Si este es el caso, hay que repasar este tema repetidas veces.) Ya ven que la única contestación que se puede dar es "Sí" porque Dios dice que el que cree es salvo. Si Ud. dice que no, está dando a entender que Dios no dice la verdad.

La razón por qué somos salvos con sólo creer que Cristo murió en la cruz por nosotros, es que cuando murió CONSUMO o terminó la obra de la salvación. ¿Recuerdan Uds. la historia de la hora negra en que Cristo murió? ¿Se acuerdan de las palabras que dijo en aquella hora? Son muy importantes. Vamos a leerlas en Juan 19:30. "Consumado es" fueron sus palabras. Esto quiere decir que la gran obra de la salvación quedaba terminada. En Juan 17:4 encontramos las mismas palabras. Ahora veamos Heb. 1:3. Allí encontramos que él purificó nuestros pecados por SI MISMO. Lo hizo sin ayuda de nadie, al morir en la cruz por nosotros.

Por esto es que estamos tan seguros de salvarnos. Creemos que efectivamente él murió por nosotros, y que somos salvos por su muerte y no por ninguna otra cosa. De modo que tenemos completa seguridad de ser salvos, porque Cristo concluyó o acabó la obra de la salvación en la cruz.

PARA EL CUADERNO DE NOTAS: Esté seguro de que los niños pueden recitar de memoria el Salmo 71:3 cuando hayan terminado la ilustración.

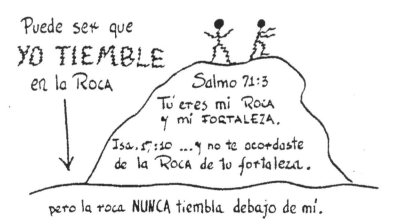

La Seguridad del Creyente

La seguridad completa se basa en la obra y en la palabra de Cristo.

Si Uds. conocieran a alguna persona que materialmente no pudiera mentir, creerían siempre en su palabra, ¿verdad? Uds. de veras conocen a Alguien que es así -- pero sólo hay Uno como él en el universo. Dios no puede mentir, ni siquiera cometer una equivocación (Tito 1:2).

La seguridad completa que uno tenga, depende exactamente de lo que piense de Dios. Supongamos que hay un muchacho que necesita dinero para ir de vacaciones. Sabe que sus padres no le pueden dar para que vaya, pero no se le quita el deseo de ir. Tiene un tío que llega a cenar con ellos una noche, y al ver al muchacho con cara triste, le pregunta qué le pasaba. Al saber la causa, el tío, dándole unos golpecitos en la espalda, le dice al muchacho: "Ven a mi oficina el sábado en la mañana y te daré un cheque por la cantidad que necesitas. Me alegraré mucho de que vayas de vacaciones como un regalo mío".

¿Qué piensan Uds. que haría el muchacho? Unos minutos más tarde habla por teléfono con su mejor amigo. ¿Qué creen que le dirá? Todo depende de lo que piense de su tío y del valor que dé a su palabra. Puede tomar el teléfono y decir: "Oye Paco, !no te imaginas! --mi tío me va a costear las vacaciones. Ya está todo arreglado. El sábado debo ir a su oficina para recibir el dinero. !Qué alegre!

O puede decirle a su amigo: "Ah, tantas ganas que tenía de ir, pero no hay esperanzas. Aquel tío jactancioso que tengo vino a cenar con nosotros y me dijo que me daría un cheque por la suma que necesito si fuera a su oficina el sábado; pero si voy, me temo que el empleado saldrá con que mi tío tuvo que hacer un viaje inesperado a alguna parte y que no dejó el cheque!".

Ahora, nosotros tenemos un Padre Celestial que no puede mentir. Su nombre mismo es la verdad. Cristo dijo: "Yo soy la verdad" (Juan 14:6). Por eso es que David canta: "Conforme a tu nombre, oh Dios, así es tu loor hasta los fines de la tierra" (Sal. 48:19). Salomón, el hombre más sabio que ha existido, dijo: "Torre fuerte es el nombre de Jehová; a él correrá el justo, y será levantado" (Prov. 18:10).

Una de las promesas del Señor que conocemos mejor es Juan 3:16. Una vez yo estaba en una clase en la que el maestro nos mandaba al pizarrón, nos daba un texto, nos hacía que escribiéramos un bosquejo, para luego dar la vuelta y hablar a la clase. A un estudiante chino le tocó Juan 3:16. Cuando se dirigió al pizarrón, se disculpó por no saber bien el inglés, y dijo que primero quería estar seguro de que entendía bien la gramática del versículo. Y empezó así: "El sujeto es <u>Dios</u>. El verbo es <u>amó</u>. El complemento es <u>mundo</u>". Después de unos momentos volvió a decir: "Veo que aquí está Dios por segunda vez, con otro verbo, <u>ha dado</u>. El complemento es <u>Hijo</u>!". Siguió escribiendo en el pizarrón, y cuando terminó, se veía así:

Dios	Amó	Mundo
Dios	Ha Dado	Hijo
Todo Aquel	Cree	El
Todo Aquel	Tenga	Vida

Después trazó una línea separando los primeros dos renglones de los otros dos, y dijo: "Los dos primeros son la parte de Dios, y están en tiempo pasado. Los otros dos son la parte que le toca al hombre, y están en tiempo presente. La obra de Dios ya está terminada. El ya dio su dádiva. Nuestra parte todavía queda por hacerse. Nosotros debemos creer, y si creemos, tenemos vida eterna". Inmediatamente nos dimos cuenta de que estábamos recibiendo mucho más que una simple clase de gramática. Estábamos aprendiendo que cuando Dios promete, pone la cosa en tiempo pasado, y que cuando nosotros hacemos lo que se nos dice que hagamos, podemos tener la seguridad de que él cumple su Palabra. Todo depende de él. Hágase Ud. mismo estas preguntas: ¿Creo yo que Dios me amó? ¿Dio Dios a su Hijo para que muriera por mí? ?He creído yo en él? ¿<u>Tengo</u> ahora mismo lo que él dice que que tengo al creer? ¿Tengo vida eterna?

PARA EL CUADERNO DE NOTAS: Mientras los niños vayan dibujando, haga énfasis en que si confiamos en el Señor estamos seguros.

Torre fuerte es el nombre de Jehová; a él correrá el justo, y será levantado.
Prov. 18:10

La Seguridad del Creyente

Procure llevar a los niños a una completa seguridad de su salvación.
La seguridad completa se basa en las promesas de Dios.

La seguridad de nuestra salvación no depende de lo que somos o de lo que hemos hecho, sino en lo que Cristo es y en lo que ha hecho. En cuanto entendamos este hecho, ya no tendremos temor de descansar en las promesas de Dios.

Voy a citar un versículo, pero intencionalmente lo voy a decir mal. Si alguno sabe qué es lo que está mal, que no hable sino simplemente levante la mano. Si alguno no sabe qué hay de malo en el versículo, entonces todavía no ha avanzado mucho en el conocimiento de lo que significa ser creyente. Si Uds. saben qué digo mal cuando cito el versículo, es seña de que están progresando y de que ya luego no serán niños en Cristo, sino hombres y mujeres que han crecido en la fe. Aquí va el versículo mal citado: Estas cosas os he escrito a vosotros que creéis en el nombre del Hijo de Dios, para que tengáis esperanza de tener la vida eterna. Esta no es la Palabra de Dios.

Antes de darles la cita y de citarles el versículo como realmente es, permítanme hacerles una pregunta. ¿Hay alguna diferencia entre decir: Sé que ahora tengo un millón de pesos, y decir: Espero tener un millón de pesos algún día? Lo primero podría decir únicamente un hombre muy rico, pero lo segundo lo podría decir cualquier vagabundo. Del mismo modo, cualquiera puede decir (y la mayoría así lo dice) "Algún día espero llegar al cielo". Pero sólo un verdadero hijo de Dios puede decir con seguridad: "Yo sé que soy salvo; sé que estaré en el cielo; estoy tan seguro de estar en el cielo, como de que Cristo estará allí". Dios dice: "Estas cosas os he escrito a vosotros que creéis en el nombre del Hijo de Dios, para que sepáis que tenéis vida eterna (I Juan 5:13).

¿Pueden Uds. dar su experiencia cristiana en el lenguaje que usaron los hombres de la Biblia? Job dijo: "Sé que mi Redentor vive" (Job 19:25). David dijo: "Puso luego en mi boca cántico nuevo, alabanza a nuestro Dios" (Sal. 40:3). Isaías sabía que era quitada toda su culpa y limpio su pecado (Isa. 6:7). Pablo dijo: "Yo sé a quien he creído, y estoy seguro que es poderoso para guardar mi depósito para aquel día" (II Tim. 1:12). San Judas dijo: "A aquel que es poderoso para guardaros sin caída, y presentaros sin mancha delante de su gloria con grande alegría" (Judas 24). Todos estos hombres tenían seguridad. No hay ni pizca de duda en el testimonio de ninguno de ellos.

Ya hemos visto lo que dijo Juan, y vale la pena de que estudiemos el pasaje en que lo dijo. Busquemos I Juan 5, y empecemos con el versículo 9. "Si recibimos el testimonio de los hombres, el testimonio de Dios es mayor. . ." Recibimos el testimonio de los hombres. Creemos en el horario de las salidas de los trenes, y vamos a la estación diez minutos antes de la hora anunciada para la salida del tren, en vez de llegar diez minutos después, porque creemos que el tren saldrá a la hora anunciada por la compañía. Vamos a la iglesia el domingo en la mañana, en vez del martes en la mañana, porque los servicios han sido anunciados para el domingo y no para el martes, y creemos el anuncio. Dios dice que si creemos lo que dicen los hombres, con mayor razón debemos creer lo que El dice, porque su testimonio es mayor, pues el no puede mentir.

¿Cuál es su testimonio? ¿Qué es lo que Dios ha dicho? "Este es el testimonio con que Dios ha testificado de su Hijo. El que cree en el Hijo de Dios, tiene el testimonio en sí mismo" (I Juan 5:10,11). Cuando les decimos que la Biblia es la verdad y que Jesús murió por Uds., hay una voz en sus corazones que dice: "¡Esto es la verdad! ¡Es la verdad!" Esa es la voz del Espíritu Santo, y es el testimonio que Dios les da a su espíritu, que Su Palabra es la verdad, y que Uds. pueden saber que tienen vida eterna. Si Uds. no creen el testimonio de Dios, el versículo dice que su incredulidad ha hecho a Dios mentiroso. ¡Qué cosa más tremenda! Y sin embargo, cuántos creyentes hay que están haciendo esto todo el tiempo al tratar de enseñar que no podemos estar seguros de tener vida eterna como una posesión presente. Cuando Dios dice que podemos saber que la tenemos, no dejemos que el diablo nos quite lo que nos pertenece, haciéndonos pensar que tenemos que sentarnos a acariciar una mera esperanza.

PARA EL CUADERNO DE NOTAS: Que los niños escojan un versículo que escribir debajo del dibujo.

VEANSE LAS PREGUNTAS SOBRE LA SEGU-
RIDAD DEL CREYENTE EN LA PAG. 190.

La Posición y el Estado del Creyente

1. Definición de términos.
2. Ilustraciones de Corinto y del carcelero de Filipos.

En la carta del Apóstol Pablo a la Iglesia de Corinto, dice algunas cosas que parecen contradictorias. En algunas partes les dice que son muy buenos, y en otras los regaña fuertemente por los terribles pecados que han cometido. Leamos todos juntos I Cor. 1:4-8. Estas palabras suenan como si fueran dirigidas a creyentes casi perfectos, ¿verdad? Pero miren el versículo 11. Allí dice Pablo que ha oído que hay entre ellos "contiendas" que es lo mismo que pleitos. Los cristianos que están haciendo la voluntad de Dios no se pelean. Ahora veamos el cap. 3:3. Otra vez encontramos que hay divisiones entre ellos y que "andan como hombres"—lo que quiere decir que se portan como hombres inconversos. Eso tampoco suena a creyentes perfectos. Pero esto no es lo peor, porque en 5:1 encontramos un pecado tan grande que ni siquiera se menciona entre los inconversos. Y en el versículo que sigue dice que ellos en vez de haberse entristecido, mas bien se jactaban de todo eso. En el cap. 6 dice que se estaban demandando unos a otros, cosa que es muy mala entre creyentes. Y en el cap. 11 leemos que algunos aun se enbriagaban cuando tomaban la Santa Cena.

¿Cómo se explica todo esto? ¿Cómo podía Pablo decir que eran buenos cuando estaban haciendo tantas cosas malas?

La contestación está en el tema que vamos a estudiar: la posición y el estado del creyente. Cuando uno cree en el Señor Jesucristo ya es una persona salva o creyente, ¿no es así? Ya ha nacido de nuevo y forma parte de la familia de Dios. Cuando un niño nace en la familia de un rey, es un príncipe. Ese es su puesto o posición. Pueda ser que no se porte como príncipe, pero ya lo es.

Así de la misma manera todos los creyentes tienen cierta posición. Son hijos de Dios; son perfectos; son templos del Espíritu Santo; son santificados y glorificados. Puede ser que no siempre se porten como hijos de Dios, pero lo son. Puede ser que no se conduzcan como perfectos, pero lo son. Tal vez no parece que tienen el Espíritu Santo, pero lo tienen. Tienen todas estas cosas porque han nacido de nuevo. Su posición es la manera como Dios los ve. La manera como se portan es su estado o condición. Su estado debiera ser igual a su posición, pero a veces llevan muchos años antes de aprender a portarse según lo que son. En Hechos 16:22-34 tenemos la historia de un carcelero brutal que se salvó. (Cuente la historia.) No cabe duda que tenía una cara mala y cruel, pues era un pagano. Fue cruel con Pablo y Silas. Con todo, llegó a creer en el Señor Jesús y se salvó. En el mismo momento en que creyó, nació de nuevo. Inmediatamente se hizo un hijo de Dios, aunque la cara la tenía casi lo mismo. Tendría que pasar algún tiempo antes de que empezara a verse como un hijo de Dios. En cuanto creyó, Dios lo tomó como perfecto, aunque no sería perfecto sino hasta que llegara al cielo. Su posición fue lo que Dios hizo de él en el momento en que creyó. Su estado era la manera en que vivía. Nuestra posición depende del hecho de que ya tenemos una naturaleza nueva, que es vida eterna, la vida de Cristo. Nuestro estado obedece al hecho de que nuestra naturaleza vieja nunca puede ser más que una cosa inmunda, tal como Dios lo declara. Debemos rendirla al Señor para que muera diariamente con Cristo.

PARA EL CUADERNO DE NOTAS: Haga que los niños busquen un versículo que escribir debajo de la ilustración.

Nuestro ESTADO es la manera como vivimos en la tierra.

En Cristo

Nuestra POSICIÓN es la manera como Dios nos ve en Cristo.

La Posición y el Estado del Creyente

Procure hacer que los niños se den cuenta de su posición en Cristo para que pueda llevárseles a rendirse de nuevo al Señor. Mientras da la lección, deténgase dos o tres veces para decirle a los niños que definan las palabras "posición" y "estado" o "condición" para estar seguro de que saben de qué se está hablando. Lea otra vez las "Indicaciones para los Maestros" al principio de este libro.

1. Cómo recibimos nuestra posición.
2. Nuestra posición como:
   (a) Hijos.
   (b) Herederos.
   (c) Justificados.

¿Cómo puede un niño llegar a ser príncipe? Debe nacer en la familia del rey. Sólo el hijo de un rey es príncipe. De la misma manera, sólo hay un modo en que podemos recibir nuestra posición como hijos de Dios. Debemos nacer en su familia—esto es, debemos nacer de nuevo. Uds. saben cómo uno puede nacer otra vez, ¿verdad? (Repase este tema con toda claridad.) Cuando nacemos de nuevo para formar parte de la familia de Dios, la posición que recibimos es mucho más grandiosa que la de un príncipe de este mundo.

En primer lugar, cuando nacemos de nuevo recibimos la posición de hijos de Dios. Juan 1:12 nos dice que a todos los que creen en Su nombre, Dios les da la potestad de ser llamados hijos de Dios. No dice allí que siempre nos portamos como hijos de Dios. Pero esa es nuestra posición. Dios dice que somos sus hijos. Sin embargo, en II Cor. 6:17,18, nos dice que salgamos de entre los inconversos y que no estemos con ellos, ni nos portemos como ellos, y que él será nuestro Padre y nosotros seremos sus hijos e hijas. ¿Cómo puede suceder esto si ya somos sus hijos? Este versículo no está hablando de nuestra posición, sino de nuestra condición. Si hacemos lo que dice este versículo, viviremos como hijos e hijas de Dios, y él podrá conducirse como nuestro Padre aun mucho más que antes.

Por ser hijos de Dios tenemos muchísimos magníficos privilegios. Contamos con su amor y cuidado y somos sus herederos. El heredero de una persona es su hijo, o cualquier otra persona que recibe las posesiones de aquella cuando muere. Dios dice que somos sus herederos, y esto significa que El nos ha dado todo lo que tiene, aunque, por supuesto, El no puede morir jamás. Lea I Pedro 1:4; Rom. 8:16,17. !Piense en todas las cosas que Dios posee! Toda la tierra le pertenece, y el sol, la luna y las estrellas. Puede ser que nuestra condición sea de suma pobreza, pero somos ricos en nuestra posición, porque somos !herederos del Rey!

A nosotros nos importa mucho más lo que Dios es, que lo que tiene. Somos herederos de su santidad, su amor, su bondad, su paz, su dulzura y todos sus demás atributos que nos son revelados en Cristo. Nosotros seremos semejantes a él cuando él venga (I Juan 3:2), pero ahora tenemos que crecer y ser más semejantes a El cada día, a medida que nuestra condición va cambiando poco a poco hasta que seamos semejantes a lo que somos en nuestra posición.

En la figura de nuestra lección anterior vimos que nuestra posición es lo que somos en Cristo. Lea en cualquier parte de las epístolas de Pablo y vea si puede hallar un versículo (pues hay más de cien) donde diga que el creyente está en Cristo. Sería una cosa buena que cada uno trazara un círculo alrededor de la palabra en cada vez que la encuentre delante del nombre de Cristo o de un pronombre que se refiere a él en todas las epístolas. En el primer capítulo de Efesios esta palabrita se encuentra nueve veces. Nosotros quedamos puestos en Cristo desde el momento en que fuimos salvos.

PARA EL CUADERNO DE NOTAS: Deje que los niños escojan un versículo para poner debajo del dibujo.

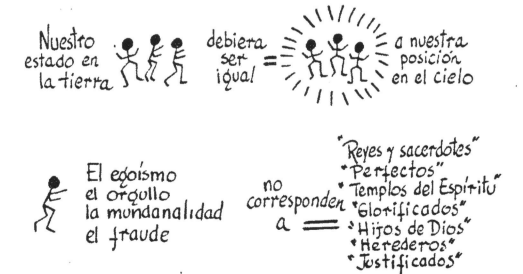

La Posición y el Estado del Creyente

No deje de tomar nota de las preguntas que van con estas lecciones. Las preguntas abarcan los puntos más importantes, y el maestro debe estar seguro de que cada niño los tiene en la mente con claridad, antes que se dé el examen.

Nuestra posición como:

(d) Reyes y sacerdotes.
(e) Perfectos.
(f) Templos del Espíritu Santo.
(g) Glorificados.

Se cuenta la historia del segundo hijo de un noble, un muchacho que a causa del pecado tuvo que salir de Inglaterra e irse al Canadá. Cada tres meses recibía cierta suma de dinero, que gastaba en pocos días, por lo que luego tenía que recurrir a medios humildes de ganarse la vida. Cierto día, mientras trabajaba en un taller, ganando quince dólares a la semana, lo visitó un abogado para decirle que su padre había muerto, y que su hermano mayor también había perecido en un accidente de tráfico. Ahora él era el heredero del título de su padre. Pertenecía a la nobleza y por lo tanto tenía derecho a tomar asiento en la Cámara de los lores. Su estado era el de un operario corriente, con poco sueldo, y llevaba una existencia miserable. Así somos nosotros; nuestra posición es en Cristo, y debemos aprender a vivir de acuerdo con ella. Somos hijos de Dios, herederos, justificados... !y eso sólo es una parte!

Somos también reyes y sacerdotes. ¿Sabías tú que eras rey? Tal vez no tienes corona, pero Dios dice que eres rey y que un día vas a reinar, y que vas a sentarte con él en su trono. También somos sacerdotes. En los tiempos del Antiguo Testamento, los sacerdotes eran los que entraban al templo, la casa donde habitaba Dios. Desde que Cristo murió, y por cuanto nosotros en él, se nos permite estar en su presencia todo el tiempo. Uds. recordarán que cuando Cristo murió, el velo del templo se rompió en dos, de arriba hasta abajo. De ese modo el lugar santísimo, la morada de Dios, se abrió para que todos pudieran verlo. Esto quiere decir que podemos entrar directamente hasta la presencia de Dios. De manera que ahora somos sacerdotes y podemos entrar confiadamente hasta el trono de Dios (Heb. 4:16; Apoc. 1:5,6; 5:10).

Pero ni aun esto es todo lo que se refiere a nuestra posición. Dios dice que somos perfectos. Nosotros no nos vemos perfectos ni nos sentimos perfectos, pero Dios nos ve a través del Señor Jesucristo, y dice que somos perfectos. Nuestro estado es muy imperfecto, pero nuestra posición es perfecta. La naturaleza nueva es la que es perfecta y la naturaleza vieja es la imperfecta. Dios hace alusión a nuestra posición cuando escribe: "Todo aquel que es nacido de Dios, no practica el pecado, porque la simiente de Dios permanece en él; y no puede pecar, porque es nacido de Dios" (I Juan 3:9). De nuestro estado Dios hizo que Pablo dijera: "Yo sé que en mí, esto es, en mi carne, no mora el bien" (Rom. 7:18).

Además, somos el templo o casa donde vive el Espíritu Santo. Dios vive en ti, si eres creyente (I Cor. 6:19). El está dentro de nosotros y nunca nos abandonará. En los tiempos del Antiguo Testamento, Dios moraba en el templo. Ahora su templo lo son nuestros corazones. Cuán a menudo nos olvidamos de esto, y nos portamos como si fuéramos dueños de nosotros mismos, pero nuestra posición permanece lo mismo. El está dentro de nosotros para siempre.

Otra cosa hermosa con relación a nuestra posición, es que somos glorificados. Rom. 8:30 dice: "Y a los que predestinó, a éstos también llamó; y a los que llamó, a éstos también justificó (ya ustedes recuerdan lo que esto significa); y a los que justificó, a éstos también glorificó". Todo esto está dicho en tiempo pasado, lo que quiere decir que ya se verificó. Pero, ¿estás tú glorificado? ¿Te ves y te portas como Jesús? Porque eso es lo que significa estar glorificado. No, no vamos a ser glorificados sino hasta cuando Cristo venga y, sin embargo, ya somos glorificados. Esa es precisamente la diferencia entre la posición y el estado.

Según nuestra posición, ya somos: hijos de Dios (Juan 1:12); herederos (I Pedro 1:4); justificados (Romanos 5:1); reyes y sacerdotes (Apoc. 1:5,6; 5:10); perfectos (Hebreos 10:14); templos del Espíritu (I Corintios 6:19); glorificados (Romanos 8:30).

PARA EL CUADERNO DE NOTAS: Que los alumnos hagan una lista de las cosas que forman nuestra posición.

Un rey...   Como rey   ... y no como rey.

La Posición y el Estado del Creyente

No consienta en que el hecho de nuestra condición imperfecta sea una excusa para que sus alumnos vivan en un nivel bajo de conducta. Esta lección debe corregir cualquier idea a ese respecto.

1. El deseo del Espíritu es hacernos perfectos.
2. Su manera de trabajar.

Es cierto que nuestra condición no es igual a nuestra posición, pero Dios quiere que llegue a serlo. Ese es su propósito. Nos hará semejantes al Señor Jesucristo (Rom. 8:29; I Juan 3:2). El no está satisfecho con las vidas imperfectas que vivimos, y quiere que nuestro estado sea más perfecto cada día. Cuando él termine su obra en nosotros, nuestro estado y nuestra posición serán iguales.

Cuando su mamá quiere bordar un pedazo de tela, consigue un dibujo y lo pasa con papel carbón o con una plancha caliente. Todo está allí completo; luego pasa días y días y tal vez meses bordando pedacito por pedacito, de acuerdo con el diseño. De igual manera, desde el primer momento que somos salvos, Dios pone a Cristo en nosotros: esta es nuestra posición; luego procede a trabajar en nosotros para que nos vayamos semejando a esa imagen, para que nuestra condición se vaya acercando a lo que somos ante los ojos de Dios, en Cristo.

¿Cómo logra Dios su propósito? ¿Cómo puede él hacernos semejantes al Señor Jesús? Una manera es por medio de la Biblia. La Biblia nos puede hacer semejantes al Señor Jesús. En II Cor. 3:18 leemos que miramos como en un espejo (haciendo alusión a la Biblia) la gloria del Señor, y que somos transformados a su semejanza por el Espíritu del Señor. Cuando uno abre la Biblia encuentra allí al Señor Jesucristo: nos habla de él y de las grandes cosas que hace. El Espíritu Santo toma las palabras de ese libro maravilloso, y de algún modo las usa para hacernos más semejantes al Señor Jesús. Mientras más leamos la Biblia y aprendamos versículos de memoria, más prontamente podrá el Espíritu Santo hacer nuestra condición igual a nuestro estado. El Señor Jesús oró al Padre pidiendo precisamente esto cuando dijo: "Santifícalos en tu verdad: tu palabra es verdad" (Juan 17:17). Esto podría traducirse así: Hazlos santos por medio del estudio de la Biblia. Esta es la razón por qué nos interesamos tanto en que Uds. conozcan todo lo que sea posible de este grandioso libro.

Uno debe estar dispuesto a hacer lo que Dios quiere. El es muy paciente, y no fuerza a uno a hacer lo bueno, a menos que uno quiera. Pero si uno quiere hacer las cosas que a él le agradan, se le hace a él más fácil hacernos semejantes al Señor Jesús. Pablo escribió a los romanos suplicándoles que se rindieran al Señor (Romanos 12:1).

También la oración ayuda. Mientras más hablamos con el Señor, mejor llegaremos a conocerle, y al conocerle, entonces es cuando nos volvemos más semejantes a él. Uno aprende a reconocer la voz de las personas que viven en su casa, y aun a conocer el andado y los pasos de algunas de ellas. Así nosotros debemos vivir tan cerca de Dios y pasar tanto tiempo con él en oración, para que podamos reconocer su voz cuando nos habla, y aprender a obedecerle.

Por supuesto que en este mundo nunca llegaremos a ser perfectos, porque todavía tenemos la naturaleza vieja, que siempre es mala. Pero cuando el Señor Jesucristo venga, la obra será completa y seremos exactamente como él.

PARA EL CUADERNO DE NOTAS: Dicte lo que sigue:

Este diagrama ilustra la posición y el estado del creyente. Su posición perfecta se indica por medio de una línea horizontal; su condición o estado, que se acerca cada vez más a su posición, a medida que crece en la gracia, se indica por medio de una línea quebrada, hasta que por fin, a la venida del Señor, la obra queda completa.

Que los niños escojan dos versículos para copiarlos debajo del diagrama. Anímelos para que escriban con claridad y limpieza, y aun en forma artística, si les es posible.

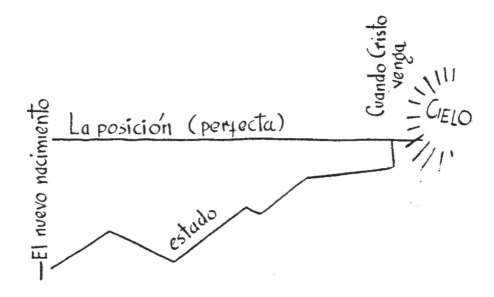

VEANSE LAS PREGUNTAS SOBRE LA POSICION
Y EL ESTADO DEL CREYENTE EN LA PAG. 190.

El Hombre

Hay un párrafo en las Indicaciones para los Maestros que se dan al principio de este libro, que hace alusión especialmente a esta sección. Sería bueno leerlo.

No podemos imaginarnos un tiempo en que no existía nada, nada, nada por ninguna parte—ni sol, ni luna, ni estrellas, ni mundo; y, sin embargo, ese tiempo existió; y entonces, de repente Dios habló y todas las cosas fueron creadas (Gén. 1:1). El sol resplandeció en el acto, y las estrellas y la luna brillaron en la noche, y el mundo empezó a dar vueltas con regularidad sobre su eje. El hombre no fue creado en ese momento, sino más tarde, y tal vez miles o aun millones de años después. La Biblia no nos dice cuánto tiempo transcurrió antes de la primera creación de Gen. 1:1, y de la creación de las plantas, los peces, los animales y finalmente el hombre.

El hombre era diferente de todo lo demás que Dios había creado, porque tenía entendimiento. Dios Padre, Hijo y Espíritu Santo hablaron de la creación del hombre, diciendo: "Hagamos al hombre a nuestra imagen, conforme a nuestra semejanza". Es una cosa hermosa pensar que el hombre haya sido hecho a la semejanza de Dios (Gén. 1:26, 27). La manera en que Dios hizo al hombre se describe en Gén. 2:7. Dios formó el cuerpo del hombre del polvo de la tierra, tal vez algo así como uno modela el barro, sólo que mucho más maravillosamente, formando cada parte del cuerpo. Luego sopló en sus narices su propio aliento, el soplo de vida, y el hombre vivió y fue un alma viviente. Nosotros no podemos comprender todo esto, pero Dios nos dice que así fue, y así lo creemos. Cuando lleguemos al cielo tal vez Dios nos lo explicará.

Hay muchos hoy en día que no creen este relato de la creación que da la Biblia, y en vez de él tienen una teoría que llaman evolución. Esa teoría enseña que en la tierra (y ¿quién sabe cómo apareció la tierra?) había una minúscula célula viviente, que fue creciendo y desarrollándose en el correr de los siglos hasta llegar a ser pez, pájaro, cuadrúpedo, y por último, hombre. Muchos sabios han gastado la vida tratando de probar que así fue como el hombre llegó a vivir sobre la tierra. La Biblia dice que la sabiduría de los hombres es locura para con Dios (I Cor. 1:20). De manera que estas "sabias" teorías de los hombres son una bobada si contradicen la Palabra de Dios. Hay muchas cosas que dan la apariencia de que la evolución es una realidad, y estas son las cosas que enseñan los que la creen. Pero de las cosas que la hacen aparecer imposible, nada nos dicen, aunque las hay. De cualquier manera que sea, Dios no puede equivocarse, y en Génesis nos dice cómo lo hizo. Si el hombre hubiera existido primero como algún animal no hubiera llevado la imagen de Dios, ¿no es verdad? No, el primer hombre era perfecto, y tenía un corazón puro y una mente prodigiosa. Así lo hizo Dios cuando lo creó. Es interesante observar que no hay ningún hombre en el mundo, de los verdaderamente regenerados, —esto es, de los que se consideran pecadores perdidos, salvados únicamente por la muerte de Jesucristo, el Hijo eterno de Dios, —que crea que el hombre descienda de los animales. Cuando se le preguntó a un gran científico, que es a la vez magnífico cristiano, por qué no creía en la evolución, contestó que una vez resuelto el problema del nuevo nacimiento, ya todos los demás se pueden estudiar sin temor de equivocarse.

Dios creó al hombre para su gloria, y también para que pudiera ser su amigo. Lo hizo perfectamente bueno y sabio para que pudiera gozarse de su compañía. En Gén. 3:8 nos dice que Dios vino a hablar con el hombre al aire del día, en la frescura del hermoso huerto del Edén. Ah, si el hombre en vez de pecar hubiera retenido su bondad, hubiera sido para la gloria de Dios, porque las cosas buenas siempre le agradan y glorifican. La semana entrante veremos una cosa muy triste que sucedió en ese huerto, aquel hogar que había sido tan feliz para el hombre, para la mujer y para Dios.

PARA EL CUADERNO DE NOTAS: Lleve discos de cartón para que los niños los usen como moldes para dibujar.

Dios creó al hombre a su imagen. Gén. 1:27 y para su gloria. Col. 1:16

Dios ha enloquecido la sabiduría de este mundo. I Cor. 1:20

La sabiduría del hombre
célula
pez
reptil
animal
hombre

El Hombre

Procure llevar a los niños a Cristo como su Señor y Salvador. De ninguna manera procure atenuar el hecho de la caída y la miseria y pecado que de ahí resultaron. La esperanza de los niños no consiste en la bondad hacia estas cosas, sino en conocerlas a tiempo y evitarlas recibiendo a Cristo como su Salvador. No hay ningún peligro de pintar con tintes demasiado oscuros el cuadro de la pecaminosidad del hombre.

!Qué hermoso hubiera sido si el hombre y la mujer hubieran podido vivir felices para siempre en el jardín del Edén! Pero sucedió todo lo contrario. No sabemos cuánto tiempo fueron felices y tuvieron un corazón puro, porque la Biblia no lo dice, aunque sí nos da la historia de su caída.

Dios le había dado al hombre y a la mujer sólo un mandamiento. No les dijo que no robaran, porque todo lo que había en el mundo les pertenecía. No les dijo que no codiciaran las cosas de sus prójimos, porque no tenían prójimos. Lo que les dijo fue que no comieran del fruto de cierto árbol que se hallaba en el medio del huerto, el árbol de la ciencia del bien y del mal. En el huerto había muchos otros árboles frutales de todas clases, de modo que no era posible que pasaran hambre.

Satanás oyó el mandamiento que Dios les había dado, y siendo que él odiaba a Dios, quería robarle todo lo que fuera posible. Entonces empezó a buscar una manera de que el hombre y la mujer fueran desobedientes. Puso en juego toda su astucia. El cap. 3 del Génesis cuenta la historia. (Si el maestro lo desea, puede pedir que los niños lean la historia, leyendo un versículo cada uno, dejando la discusión para después.) Satanás tomó la forma de un animal de gran belleza, la serpiente—que sin duda no era entonces repulsiva como ahora—y se acercó para hablar con la mujer. Sin duda la mujer había visto tantas cosas tan hermosas desde que Dios la creó, que no le causó sorpresa cuando le habló la serpiente. "¿Conque Dios os ha dicho", le dijo, "que no comáis de todo árbol del huerto?" La mujer dijo que sí. Entonces Satanás mintió diciéndole que el fruto realmente les haría bien, y que los haría semejantes a Dios. Lo que Satanás estaba insinuando, era que Dios era muy cruel al decirles que no comieran de ese fruto. La mujer se dejó engañar con su conversación tan persuasiva, y tomó de aquel fruto y se lo comió. Esta fue una desobediencia, un pecado, el primer pecado cometido en esta hermosa tierra. Tras este pecado vino otro, porque Adán también comió de aquella fruta. Pero el pecado de Adán fue peor, porque la mujer al menos creyó que estaba haciendo bien al procurar ser ella y su esposo como Dios. Ella fue engañada (I Tim. 2:14). Pero cuando le trajo aquella fruta a Adán, él sabía que eso era malo, sabía que estaba desobedeciendo, y deliberadamente la tomó y se la comió, rebelándose así contra Dios.

Tal vez el hecho de comer de aquella fruta parezca un "pecadillo" insignificante, pero cualquier desobediencia a Dios, por pequeña que sea, es un verdadero pecado, tan malo como el robo o el homicidio. Este primer pecado ha sido causa de todos los demás pecados en el mundo, y de todo el dolor y la miseria consiguientes.

Cuando Dios llegó esa tarde a hablar con el hombre y la mujer, ellos no lo estaban esperando como de costumbre. El pecado los tenía avergonzados, y se escondieron entre los árboles. Dios los llamó y los halló. Adán echó la culpa a la mujer, y ésta a la serpiente. Dios maldijo a la serpiente, y luego se volvió hacia el hombre y la mujer. Les dijo que tendrían que trabajar con dolor y tristeza, y los sacó del huerto, para que no comieran del fruto de otro árbol que los haría vivir para siempre en el estado en que se encontraban. Hubiera sido muy triste para el hombre vivir para siempre en ese estado, en el pecado. Y, además, Dios tenía algo mucho mejor para ellos: les daría una nueva vida para que vivieran para siempre, pero como Cristo. El pecado es la causa y raíz de todas las dificultades, y este primer pecado es el principio de ellas.

PARA EL CUADERNO DE NOTAS: Dibuje los árboles primero, luego bosqueje las colinas, etc.

La tierra y el corazón del hombre eran como un jardín.

La tierra y el corazón del hombre se volvieron como un desierto.

El Hombre

Enséñales a los niños que ellos también cayeron con el pecado de Adán, y que pueden salvarse únicamente por medio de Cristo.
Efectos de la caída: muerte espiritual, culpabilidad, corrupción, transgresiones.

Las espinas y cardos, el dolor y el sufrimiento, no eran lo peor que sobrevino como el resultado de la caída. Estas cosas eran bastante malas, pero había otras cosas peores. Al principio, en Gén. 1:27, Dios le había dicho al hombre que en el día que comiera de la fruta prohibida, de seguro moriría. Cuando comió de aquella fruta y no cayó muerto, tal vez pensó que Dios lo había engañado, lo cual no era así, porque Adán estaba verdaderamente muerto en un sentido mil veces peor que si se hubiera caído muerto de una vez, pues lo que había muerto era su alma. "El alma que pecare, morirá", dice el Señor en Eze. 18:20. Se entiende por alma muerta la que está separada de Dios, así como un cuerpo muerto es el que se halla separado del alma. Tan pronto como Adán pecó, fue separado de Dios, porque Dios es demasiado justo para siquiera ver la iniquidad (Hab. 1:3).

Lo peor de todo esto es que todos los hijos de Adán, y los hijos de sus hijos, y todos sus descendientes han nacido con almas muertas. De la misma manera que los hijos de la gata son gatitos y los cachorros de la perra son perritos, y no pueden ser otro animal diferente, así los hijos de un hombre con el alma muerta, tendrían que ser hombres y mujeres de alma muerta (I Cor. 15:22).

Tan pronto como Adán pecó, se hizo culpable. Eso se entiende fácilmente. Desde el momento en que un hombre mata a otro, es culpable de homicidio. Así desde el momento en que Adán pecó contra Dios por la desobediencia, se hizo culpable de pecado. Y siendo que Dios es un Dios justo, no puede olvidar ni excusar la culpa. Lo que puede hacer es perdonarla por medio de Cristo, pero eso no quiere decir excusarla o pasarla por alto (Ex. 34:7). Pero no sólo Adán, sino todos sus descendientes se hicieron culpables también. Adán fue el primer hombre, el padre de todos los hombres, la cabeza de la raza, de modo que lo que él hizo es como que todos lo hubiéramos hecho, incluyéndonos ustedes y yo. Ese es el arreglo que Dios había hecho, de manera que ustedes y yo, aun cuando todavía éramos niñitos, ya éramos culpables, por el pecado que Adán había cometido, antes de ser culpables por nuestros propios pecados. Dios dice que somos pecadores por naturaleza, por opción o preferencia, y porque El así lo ha declarado. Esa es la razón por qué David dice que ya era pecador antes de haber nacido (Sal. 51:5).

Hay pecado en todos los corazones en el mundo. Aun un tierno niño tiene un corazón pecaminoso, porque lo hereda de sus padres, y éstos de los de ellos, y así sucesivamente hasta llegar a Adán. Cuando el niño crece, esa pecaminosidad se manifiesta en hechos pecaminosos. Somos tan pecadores que no podemos hacer nada que agrade a Dios (Rom. 8:8). No hay en nosotros nada bueno. Nuestras mentes son malas, porque pensamos malos pensamientos. Nuestros corazones son malos porque tenemos malos sentimientos. Y nuestros cuerpos son los instrumentos de muchos actos pecaminosos. Nada de esto hubiera sucedido si no hubiera sido por el pecado de Adán.

Todos los hombres no sólo están muertos espiritualmente, son culpables delante de Dios y tienen una naturaleza totalmente corrompida, sino que todos han pecado (Rom. 3:23). El mal que vive en nosotros aparece en malos hechos. Todo esto resulta del primer pecado, así como el agua del río viene de la fuente de origen. Jamás podríamos librarnos de la fatal corriente del pecado por nuestros propios esfuerzos, pero Dios ha preparado una manera de librarnos por medio del Señor Jesucristo.

PARA EL CUADERNO DE NOTAS: Que los niños inventen una marca adecuada para poner en la esquina de su dibujo.

El Hombre

Procure llevar a los niños a Cristo como su Señor y Salvador.

1. La promesa de un redentor.
2. Anticipación del plan de redención.
3. Imputación.

No podemos hacer un estudio de la caída del hombre, sin estudiar lo que Dios ideó para salvarlo, pues El hizo esos planes aun antes de la creación del mundo (Ef. 1:4). Y tan luego como el hombre pecó, Dios se le acercó para ofrecerle el remedio para el pecado. (La historia de esto se encuentra en Gén. 3:8-21. Cuéntela, haciendo mención de los siguientes puntos.) Cuando Dios habló a la serpiente, o mejor dicho, al diablo que estaba en el cuerpo de la serpiente, le habló de Uno que habría de venir, que sería la "Simiente de la Mujer". Esto se refería a Jesús, porque como Uds. saben, el fue el Hijo de María, una mujer, pero no tuvo padre terrenal. Dios nos dice en el Nuevo Testamento, que cuando él usó la palabra "simiente" en singular, en vez de "simientes" en plural, no estaba hablando de hijos humanos, sino de Cristo (Gál. 3:16). Su Padre era el Dios del cielo. Dios anunció que éste quebrantaría la cabeza de la serpiente y, siendo que al aplastársele la cabeza toda queda destruida, esto quería decir que Aquel que había de venir destruiría a Satanás. Pero también Dios anticipó que la serpiente le mordería el calcañar, lo que efectivamente sucedió en la cruz porque fue el diablo quien hizo que crucificaran a Cristo, inyectando su odio a aquellos perversos que lo entregaron a muerte. Pero este Cristo, hecho pecado por nosotros, es nuestro libertador y el que destruye a Satanás.

En el mismo capítulo, Dios nos da un cuadro del camino de salvación. Adán y Eva estaban desnudos, porque habían pecado, y habían tratado de cubrirse cosiendo hojas de higuera. Esta ropa para nada servía, y Dios vino y les hizo ropas de pieles. Para sacar esas pieles, algún animal tenía que ser muerto. Es muy posible que Dios haya matado un cordero para cubrir a estos dos pecadores. Muchos años después, otro Cordero, el Cordero de Dios que quita el pecado del mundo, fue sacrificado para cubrir el pecado de toda la raza humana. Así, pues, lo que Dios hizo en el huerto del Edén fue una figura de lo que haría en la cruz por los hombres.

Pero esto no es todo. Uds. recordarán que a causa del pecado de Adán, todos los hombres se hicieron pecadores, culpables, corrompidos y atestados de transgresiones. Esto se debió a que Dios había hecho un pacto con él, no sólo para él, sino para todos sus descendientes. Si él hubiera sido justo, todos sus descendientes habrían sido justos. Pero por haber pecado, todos nosotros somos pecadores. Dios hizo otro pacto como aquel con el Señor Jesús, no sólo para él, sino para todos los que creyeran en él. Por aquel pacto o convenio, así como el pecado de Adán cayó sobre todos, también la justicia de Cristo cubre a todos los que creen en El. Esta es la razón por que se le da a Cirsto el nombre de "el postrer Adán". Lea con cuidado los dos grandes pasajes que enseñan esta verdad, Romanos 5:12-21 y I Cor. 15;45-49. Cristo jamás pecó: El cumplió perfectamente la ley de Dios. Así que nosotros los que creemos en El estamos bajo su pacto, y Dios nos considera perfectamente justos. Ser hijo del "primer Adán" tan culpable y pecador, es una cosa verdaderamente triste. Eso es algo que no podemos evitar porque todos descendemos de Adán, pero el momento que queramos, podemos abandonar ese parentezco creyendo en el Señor Jesús. Entonces pasamos al nuevo pacto y somos salvos y aceptos en el Señor Jesús, y ya no estamos "en Adán" sino "en Cristo", y su bondad se cuenta como nuestra. Es algo así como un depósito en el banco. Todo el mal de Adán se cargó a nuestra cuenta, pero cuando creímos, todo lo bueno del Señor Jesucristo se anotó a nuestro favor. Así tenemos todo lo bueno que necesitamos para ser aceptos delante de Dios, y para vivir en el cielo con El.

PARA EL CUADERNO DE NOTAS: Los descendientes de Adán heredan muerte espiritual, corrupción y hechos pecaminosos. Los hijos de Dios heredan vida eterna, justicia, santidad y obras de justicia.

Baulismo · Membresia en la iglesia   Buenas obras   Caridad   Alguna esperanza falsa

Las hojas de las buenas obras

... no por obras, para que nadie se glorie.
Efesios 2:9

VEANSE LAS PREGUNTAS SOBRE EL HOMBRE EN LA PAG. 191

Dios Prueba al Hombre

Procure cuidadosamente no dar la impresión de que en las distintas épocas ha habido diferentes medios de salvación. Trate de dejar grabada en la mente de los niños la idea de que no hay otro medio de salvarse aparte de la muerte de Cristo.

¿Se acuerdan Uds. de cuando eran chiquitos y no los dejaban salir al campo, ni siquiera cruzar la calle, si no iba una persona más grande con Uds? Ahora Uds. van solos a la escuela. Cuando Uds. estaban chiquitos había que darles de comer, pero ahora ya lo hacen Uds. solos. La mamá no lo trata a uno siempre del mismo modo, porque uno va creciendo y va aprendiendo a hacer las cosas por sí mismo. Tampoco Dios ha tratado siempre del mismo modo a las gentes del mundo.

Por supuesto, Dios no cambia, porque "Dios es Espíritu, infinito, eterno e inmutable". El no puede cambiar, porque dejaría de ser Dios. Pero esto no quiere decir que siempre trate a la gente de la misma manera, pues su procedimiento puede cambiar aunque él no cambia. De estos cambios vamos a tratar en las próximas lecciones, al estudiar las diversas maneras en que Dios ha puesto a prueba al hombre.

Sin embargo, hay una cosa que debemos recordar con cuidado, y es: que Dios nunca cambia su manera de salvar a la gente. Y se trate de Adán, de Eva, de Moisés, de Pedro o Pablo, todos tuvieron que salvarse por la muerte de Cristo en la cruz. "Y en ningún otro hay salvación, porque no hay otro nombre bajo el cielo, dado a los hombres, en que podamos ser salvos" (Hechos 4:12). Isa. 53:6, en el Antiguo Testamento, escrito cientos de años antes de que Lucas escribiera los Hechos, dice que Dios cargó en El, el Señor Jesucristo, el pecado de todos nosotros. Cuando Adán y Eva estaban en el huerto del Edén y pecaron, Dios no pudo perdonar su pecado de ninguna otra manera, sino por medio de la muerte de Cristo, que habría de suceder muchos años después. Fue precisamente allí en el huerto donde Dios les dio la promesa de un Redentor que había de venir. La razón por que no los desterró al infierno para siempre, fue porque El sabía que Cristo había de venir a morir por sus pecados.

Si Dios cambia su manera de tratar con la gente, es porque El quiere que toda la humanidad aprenda esta lección: "engañoso es el corazón más que todas las cosas, y perverso" (Jer. 17:9). Quiere que todos sepan que "No hay quien haga bien, no hay ni siquiera uno" (Sal. 14:3). Pues bien, Dios ha puesto a prueba al hombre de distintas maneras, y en cada una de ellas el hombre ha fallado. Esto nos prueba que sin la ayuda de Dios no podemos hacer nada. Cuando Dios termine de ponernos a prueba, nadie podrá pensar que haya la más mínima posibilidad de que el hombre se salve por sí mismo. Aun cuando fueran distintas las condiciones, el hombre siempre habría fracasado. A veces cuando uno tiene que pasar un examen en la escuela, uno se dice: "Si el profesor hubiera hecho otras preguntas, o si yo no hubiera estado cansado, o si hubiera tenido más tiempo, hubiera ganado". El hombre nunca podrá decir cosa semejante a Dios, porque las siete pruebas a que lo ha sometido, ponen en claro que sea cual fuere la prueba, el hombre no la puede pasar.

Una "era" o "dispensación" es un período de tiempo durante el cual Dios somete al hombre a determinada prueba. Dios les explica las condiciones, pero invariablemente, después de unos pocos años, se ve claramente que el hombre ha fracasado bajo esa prueba y que se está portando mal en vez de hacer bien. Ya han pasado cinco de estas "pruebas" o dispensaciones. Ahora estamos viviendo en la sexta y hay una por venir. Por supuesto, debe entenderse que los que creen en el Señor Jesús, en cualquiera dispensación o prueba que sea, son salvos. Los que no creen son los que no pasan la prueba, lo que muestra que sin Dios nada podemos hacer. Se entiende que los salvos no procuran pasar la prueba por sí mismos, en sus propias fuerzas, porque cuentan con el poder de Dios que obra en ellos.

PARA EL CUADERNO DE NOTAS: Ponga en claro los puntos siguientes:

1. Una era o "dispensación" es el tiempo en que Dios somete al hombre a cierta prueba.

2. Dios nunca cambia, aunque cambie su manera de probar al hombre.

3. La salvación, bajo cada prueba, se obtiene de la misma manera: por la muerte de Cristo.

4. El propósito de estas "pruebas" es mostrar que el hombre no puede ser bueno sin la ayuda de Dios.

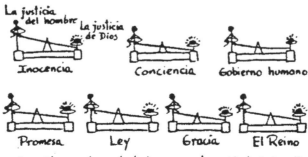

...has sido pesado en la balanza... y has sido hallado falto.

Dios Prueba al Hombre

Procure llevar a los niños a los pies de Cristo como su Señor y Salvador.
Estas lecciones se prestan admirablemente para enseñar a los niños por medio de un
diagrama. Procure que dibujen algo de su propia cabeza y que vayan poniendo cada cosa en su lugar a medida que avancen, como se describe en la página siguiente. Si nota
que tienen la tendencia de jugar con los lápices mientras se enseña la lección, que los
pongan a un lado mientras no los estén usando.

En el huerto del Edén fue donde Dios puso a prueba al hombre
la primera vez. Dios creó al primer hombre, Adán, perfecto, sin
ningún pecado en el corazón. Adán no tenía una naturaleza vieja
como la que tenemos nosotros. También Eva era perfecta. El hogar de ellos en el huerto ha de haber sido muy feliz, porque no había qué les sirviera de estorbo.

Dios puso a prueba al hombre por primera vez en el huerto, y
le dio un solo mandamiento que debía cumplir a perfección. Eso
suena fácil, ¿no es verdad? Pero el hombre fracasó. El mandamiento era que no debía comer del fruto de uno de los árboles del
huerto—el árbol de ciencia del bien y del mal. Podía comer el fruto
de todos los demás árboles, con excepción de aquel, que no debía
ni probar. Todo caminaba bien hasta que vino Satanás disfrazado
bajo una forma hermosa, a tentar a la mujer. Le mintió diciendo
que la razón por la cual Dios les había prohibido comer de ese fruto, era porque sabía que los haría tan sabios como él mismo. Dios
les había dicho que en el día que desobedecieran de seguro morirían,
pero Satanás les dijo que no morirían. La mujer se dejó engañar y
comió la fruta, y poco tiempo después el hombre siguió su ejemplo.
En ese momento fracasaron en la primera prueba. Esto vino a
comprobar que aun no teniendo pecado en el corazón, no podían ser
buenos y obedecer a Dios perfectamente.

En cada una de estas pruebas queremos ver cinco cosas: 1. La
condición del hombre al principiar la prueba. 2. La prueba. 3. El
fracaso. 4. El juicio. 5. La manera propuesta por Dios para salvación.

En la primera prueba la condición del hombre era la inocencia.
No tenía pecado, y por eso a la primera prueba se le da el nombre
de la prueba de la inocencia. ¿En qué consistía la prueba? En una
obediencia perfecta al único mandamiento de Dios. El fracaso fue
la desobediencia, haciendo exactamente lo que Dios les había dicho
que no hicieran. El juicio lo tenemos descrito en Génesis 3:16-19,
23. (Léase y póngase a discusión.) Después de eso el hombre ya
no podía quedarse en aquel hermoso huerto, en donde Dios venía a
verlo y a platicar con él. Y tuvo que salir hacia donde había espinos
y abrojos, y dolor y tristeza, y trabajo pesado y agotador.

Pero la cosa más importante que debemos ver es la manera de

salvación, que se puede apreciar de dos modos. El primero está en Génesis 3:15, donde Dios habló al diablo, haciendo mención de la simiente de la mujer. En Gálatas 3:16 se nos dice quién es la simiente de Abraham. Es Cristo. La simiente de la mujer es lo mismo. Quiere decir el Hijo de la mujer. Todos sabemos que el Señor Jesús no fue hijo de ningún hombre, sino el Hijo de la mujer, o sea María. Dios dijo a Satanás que la Simiente de la Mujer le quebrantaría la cabeza, y que él, Satanás, le heriría el calcañar. Esto es exactamente lo que sucedió en la cruz. Allí el poder de Satanás hirió a Cristo, pero al mismo tiempo él quebrantó a Satanás para siempre. Este versículo, Gén. 3:15, es la primera promesa que encontramos en la Biblia del Salvador que había de venir. Sólo por él Adán y Eva pudieron obtener el perdón de su pecado. El segundo modo en que vemos cómo fueron salvos, lo tenemos retratado en Gén. 3:21. Allí Dios mató un animal y derramó su sangre, y vistió con su piel a la pareja culpable. Esto nos presenta en figura cómo Cristo habría de derramar su sangre para que nosotros pudiéramos ser perdonados. Como Uds. pueden ver, la salvación es siempre del mismo modo, —por la sangre derramada del Salvador.

PARA EL CUADERNO DE NOTAS: El siguiente diagrama es el primer eslabón de siete diagramas que representan las siete edades, pruebas o dispensaciones. Cada sección debe llenar una página, pero que se vea que la larga línea horizontal que representa el paso del tiempo, cruza las siete páginas. Deje que los niños escojan el versículo que quieran escribir debajo de las palabras: "Manera de Salvarse".

La primera prueba — INOCENCIA
   Lo que se pedía : obediencia perfecta
La condición del hombre
   era inocente
        fracaso debido a la desobediencia

Manera de ser salvo:
   La muerte de Cristo
representada por la
muerte del Cordero.

El juicio fue
1. muerte espiritual
2. sacados del huerto

Dios Prueba al Hombre

De estas lecciones se pueden sacar muchas enseñanzas prácticas. Procure buscar todo aquello que se aplique a la vida diaria de los alumnos, y haga la aplicación en el mismo momento en que está hablando del asunto. Cuando se enfocan así, las lecciones dejan una impresión duradera en las mentes de los alumnos.

Después que Adán y Eva pecaron, ya no podían volver a su estado de inocencia. Ya tenían pecado en el corazón, y también ya tenían conocimiento del bien y el mal: a esto se le da el nombre de conciencia. Desde aquel entonces, todos tenemos conciencia, o sea lo que nos dice si estamos haciendo bien o mal.

La conciencia fue la nueva prueba para el hombre. Ahora los hombres ya sabían lo que era bueno, pero ¿lo pondrían en práctica? Si pasaran esta prueba, demostrarían que podrían ser buenos por sí mismos, sin la ayuda de Dios. Pero no pudieron. Fue en este tiempo que Caín mató a Abel (Gén. 4). Y al final de este período los hombres eran tan malos, que Dios dice que los pensamientos de ellos eran de continuo solamente el mal (Gén. 6:5). Y por último su maldad llegó a tal extremo que Dios mandó el diluvio para destruirlos a todos, con excepción de Noé, el único creyente. No es que Noé haya sido bueno por esfuerzo propio, sino que confió en Dios. También ofreció sacrificios, lo que venía a confirmar que estaba confiando en aquel sacrificio que en un lejano día habría de presentarse en la cruz—el sacrificio del Cordero de Dios que quita el pecado del mundo.

Después del diluvio vino la tercera prueba. El hombre podía haber presentado la excusa de que no todos eran responsables del homicidio de Caín, pues si hubieran tenido alguna forma de gobierno, podrían haber arreglado el asunto de manera justa. Ahora, pues, Dios manda que los hombres se gobiernen unos a otros, y que castiguen a los que se portan mal. En Gén. 9:6 manda que se castigue el homicidio con la pena de muerte, ley que ha venido aplicándose en muchos países hasta el día de hoy. Y por haber dado Dios a los hombres el mandamiento de que se gobiernen unos a otros, se da a esta prueba el nombre de "gobierno humano". Pero en esta prueba también fallaron, porque los hombres se hicieron cada día más perversos, y por último se rebelaron contra Dios al construir la torre de Babel. Dios les había dicho que llenaran la tierra, pero ellos no quisieron extenderse, sino prefirieron construir una gran torre en donde vivir todos juntos, por lo que Dios tuvo que mandarles un nuevo juicio, la confusión de lenguas, para que no se entendieran unos a los otros. (Esta historia se encuentra en Gén. 11).

En estos tres casos, Dios había puesto a prueba al hombre como individuo, como familia, y como nación. Ahora hace a un lado a todos los demás pueblos y escoge a un hombre, a Abraham, a quien hace promesas especiales--que ya cumplió en parte, con la primera venida de Cristo, y que se cumplirán del todo cuando el Señor vuelva la segunda vez. Sólo una de las promesas hechas a Abraham era con condición, o sea la promesa de bendición, que se cumpliría siempre que Abraham habitara en aquella tierra. Esta cuarta prueba lleva el nombre de la era de promesa. Pero Abraham no permaneció en la tierra aquella a donde Dios lo mandó, y no pasó mucho tiempo sin que todos sus descendientes se fueran a vivir a Egipto. Entonces Dios tuvo que mandar otro juicio. Todos los descendientes de Abraham, llamados también israelitas, quedaron convertidos en esclavos en Egipto, y allí trabajaron y sufrieron por cuatrocientos años. Todo esto se debió a que no cumplieron la condición de quedarse en la tierra de la promesa.

    ¿Se acuerdan de la primera prueba? El hombre vivía en un estado de inocencia. Sólo había un mandamiento que tenía que obedecer, pero desobedeció y murió espiritualmente, y fue expulsado del huerto. En la segunda prueba, ya los hombres sabían hacer la diferencia entre el bien y el mal. ¿Qué nombre se le da? Conciencia. Pero se portaron mal en vez de portarse bien, y vino el diluvio. Luego vino la nueva prueba en que los hombres habían de gobernarse unos a otros; pero vino el pecado y el juicio fue la confusión de lenguas. Ahora viene la cuarta prueba, la de la promesa, con sus muchas bendiciones, pero abandonaron el sitio de bendición y descendieron a Egipto, donde no encontraron más que tristeza y dolor.

    Durante todo este tiempo sólo había un modo o manera de salvarse. Los sacrificios que habían de ofrecerse anunciaban por anticipado al Redentor que había de morir para salvarlos.

PARA EL CUADERNO DE NOTAS: Los diagramas que siguen deben ocupar tres páginas, una para cada era o dispensación. Procure que los niños escojan un versículo distinto para poner debajo de las palabras: "Manera de Salvarse", en cada dibujo.

La segunda prueba - la conciencia

Lo que se pedía: hacer el bien y evitar el mal.

El hombre sabe hacer la diferencia entre el bien y el mal.

Fracaso debido a que el hombre hace lo malo

Manera de ser salvo:
La muerte de Cristo representada por la muerte de un Cordero

El Juicio fue el Diluvio

186

La tercera prueba - El Gobierno Humano

Lo que se pedía - que el hombre gobernara de parte de Dios

El hombre tiene el poder para gobernar

Fracaso debido a que el hombre trató de usar su poder contra Dios al edificar la torre de Babel

Manera de ser salvo:

La muerte de Cristo, representada por la muerte de un Cordero

El juicio fue la confusión de lenguas

La cuarta prueba - La Promesa

Lo que se pedía: permanecer en la tierra de la promesa

El hombre ha recibido grandes promesas

Fracaso debido a que se fueron de esa tierra

Manera de ser salvo:

La muerte de Cristo representada por la muerte de un Cordero.

El juicio fue la esclavitud en Egipto

CURSO CUATRO   LECCION VEINTE

Dios Prueba al Hombre

Procure llevar a los niños a los pies de Cristo como su Señor y Salvador.
Para preservar la continuidad y a manera de introducción, sería bueno repasar la última lección, recalcando los puntos principales.

El pueblo de Israel pasó un tiempo tristísimo en Egipto, pues lo trataron muy mal por muchos años; pero al fin Dios les mandó un libertador, que fue Moisés, quien los sacó de Egipto y los llevó de regreso a la tierra de promesa. En el camino acamparon al pie del monte de Sinaí, donde Dios les habló y les dio una nueva prueba, la prueba de la ley. Tal vez los del pueblo se decían: "Bueno, si tuviéramos unos estatutos o mandamientos que nos explicaran exactamente lo que Dios desea, no fracasaríamos como en las otras pruebas. Y Dios les dio esos mandamientos, los diez mandamientos y muchos otros preceptos y reglamentos relativos a todo lo que pudieran hacer. Cuando Dios les habló, le prometieron hacer todo lo que él les había dicho; pero no había pasado ni siquiera un mes cuando ya habían infringido todos los mandamientos. (Cuenta la historia de Exodo 32.) Y en el correr de los años siguieron fracasando en esta prueba, aunque duró hasta la muerte del Señor Jesús. Dios mandó profetas que los amonestaran, pero con todo siguieron fracasando en esta prueba de la ley. Por fin mataron al Señor Jesús y Dios juzgó a la nación entera de Israel, y dejó que otros conquistaran su tierra, que Jerusalén fuera quemada y que todo el pueblo fuera esparcido.

En el Nuevo Testamento leemos que la ley por Moisés fue dada, pero la gracia y la verdad vinieron por medio de Jesucristo (Juan 1:17). Por supuesto, ya había ley antes de Moisés, y gracia y verdad antes de Cristo, pero la ley como una prueba, comenzó con Moisés, y la gracia como prueba, comienza con Cristo. Esta es en la que estamos viviendo actualmente. Pareciera ser la prueba más fácil de todas, porque la única cosa que Dios exige es que los hombres acepten a Su Hijo, Jesucristo, como su Salvador. Muchos han creído y han sido salvos, así como en las otras pruebas también muchos esperaron la venida del Salvador y su sacrificio por ellos, y se salvaron. Pero muchos más rehusaron creer. Lo verdaderamente difícil en los días en que vivimos, es aceptar lo que dice la Palabra de Dios, que no podemos hacer absolutamente nada para salvarnos nosotros mismos, y que debemos desconfiar de las buenas obras en que hemos confiado, y poner nuestra confianza en un Salvador despreciado y desechado de los hombres. Ahora hay más gente que no cree en el Señor Jesús que la que había cien años después de su muerte. ¿Cuántos de los niños y niñas de su escuela verdaderamente aman al Señor Jesús y creen en él como su Salvador? Es triste confesarlo que hay muy pocos. Y en estos últimos días las cosas van de mal en peor, porque hay iglesias en donde los pastores ya no predican que Jesús fue nuestro Salvador, !sino que fue simplemente un buen hombre! También habrá un juicio terrible al final de esta prueba, cuando Jesús venga por los creyentes, y los saque del mundo para que vivan en el cielo con él. Vendrá la gran tribulación, que será un tiempo de angustia peor que cualquier calamidad que haya sucedido antes: y ella marcará el final de la sexta prueba.

La última prueba durará mil años. Tal vez algunos dirán: "Pues bien, el que ha tenido la culpa de todo ha sido el diablo. No fue culpa nuestra que no hayamos pasado las otras pruebas, porque Satanás nos tentó". Eso tampoco sería cierto, porque uno no tiene que pecar sólo porque es tentado. Cuando Dios dé la última prueba, el diablo no podrá tentar a los hombres. Jesús volverá a la tierra a establecer su Reino, y el diablo será encadenado por mil años, de modo que no podrá tentar a ninguno. El mundo será hermoso, y dará gusto vivir en él, porque el Señor no permitirá que ninguno siga pecando. Pero aun así, al pasar los mil años, cuando suelten a Satanás por un poco de tiempo, centenares de miles de gentes lo seguirán, mostrando así que odian al Señor Jesucristo. !Qué corazones tan perversos tendrán para poder hacer eso después de haber vivido tanto tiempo con Jesús aquí en la tierra! Al final de esta prueba todos los malos serán juzgados, alejados de Dios y lanzados para siempre al tormento.

Fueron siete pruebas, !y ni una sola pudieron pasar los hombres! Qué bien nos muestra esto que no podemos hacer nada sin la ayuda de Dios. Jesús dijo: "Sin mí nada podéis hacer" (Juan 15:5). Estas siete pruebas nos vienen a convencer de que los únicos que son aceptos delante de Dios, y pueden agradarlo, son los que El salva. El tiene que hacer todo por nosotros, porque sin El siempre fracasaríamos.

PARA EL CUADERNO DE NOTAS: Agregue estos dibujos a los que preceden, cada uno en una página del cuaderno, según las instrucciones que ya se han dado.

189

La quinta prueba — La Ley
Lo que se pide: Guardar los mandamientos

El hombre promete
guardar los mandamientos

Fracaso debido a que no guardó los mandamientos

Manera de ser salvo:

La muerte de Cristo,
representada por la
muerte de un Cordero.

El juicio fue
que los echaron
de su tierra.

La sexta prueba — La Gracia
Lo que se pide - aceptar a Cristo como Salvador

El hombre tiene que creer
que "Todos han pecado"

Fracaso debido a la incredulidad

Manera de ser salvo:

La muerte de Cristo, quien
en la cruz cumplió todos
los tipos del Antiguo
Testamento

· El juicio será
muerte espiritual
y la Gran Tribulación

La séptima prueba — El Reino
Lo que se pide — Fidelidad a Dios

El hombre está libre de,
las tentaciones de Satanás

Fracaso debido a que obedece a su naturaleza vieja

Manera de ser salvo:
La muerte de Cristo

El juicio es
condenación eterna

VEANSE LAS PREGUNTAS SOBRE DIOS
PRUEBA AL HOMBRE EN LA PAG. 191

CREYENTES E INCONVERSOS

1. ¿Cuántas clases de gente ve Dios en el mundo? ¿Cuáles son?
2. ¿Qué quiere decir estar perdido?
3. ¿Dónde fueron colocados los pecados de los creyentes? ¿Dónde están los pecados de los inconversos?
4. Es Dios padre de todo el género humano? ¿Cómo lo sabe Ud?
5. ¿Abandonó Dios Padre al Señor Jesús en la cruz? ¿Por qué?
6. ¿Está Dios airado contra los inconversos?
7. ¿Cómo puede uno pasar de la familia de Satanás a la familia de Dios?
8. ¿Serán juzgados los creyentes por sus pecados? ¿Por qué?
9. Diga lo que Ud. sabe del hogar que les espera a los creyentes, y del lugar a donde tendrán que ir los inconversos.
10. Indique cinco diferencias entre los creyentes y los inconversos.

LA SEGURIDAD DEL CREYENTE

1. ¿Es "Espero que sí" o "Creo que sí" una buena contestación a la pregunta: "¿Es Ud. salvo?" ¿Por qué?
2. Dé de memoria por lo menos dos versículos con sus respectivas citas, que muestran que somos salvos por la fe en Cristo.
3. (a) ¿Desechará Dios a los creyentes que hacen cosas malas?
   (b) Dé la definición de la completa seguridad.
4. Cuando creemos, ¿qué clase de vida recibimos? ¿Cuánto tiempo durará?
5. ¿Qué pide Dios de nosotros para que podamos llegar al cielo?
6. ¿Cómo podemos obtener lo que Dios pide de nosotros?
7. Indique las tres clases de gente que hay en el mundo. ¿Son estas gentes diferentes a la vista de Dios? Conteste dando sus razones.
9. Diga algunas de las ideas equivocadas que tiene la gente acerca de la salvación, y por qué son equivocadas.
10. ¿Por qué nos da completa seguridad el hecho de saber que Cristo terminó la obra de la salvación cuando murió en la cruz? ¿Qué es lo que hizo allí por los creyentes?

LA POSICIÓN Y EL ESTADO DEL CREYENTE

1. ¿Qué queremos decir con la palabra posición?
2. ¿Qué quiere decir la palabra estado?
3. Haga un diagrama que ilustre la posición y el estado del creyente.
4. Enumere algunas de las cosas que recibimos como herederos de Dios.

5. ¿Cómo pudo decir el apóstol Pablo que los creyentes de Corinto eran muy buenos, cuando en la misma epístola los reprende por muchas faltas?
6. ¿Cómo recibimos la posición de "hijos de Dios?"
7. La Biblia dice que los creyentes son "glorificados". ¿Cómo puede ser esto así, cuando todavía estamos en pecado y nos parecemos tan poco al Señor Jesús?
8. ¿Qué usa el Espíritu Santo para que nuestro estado se asemeje más a nuestra posición?
9. ¿A quién seremos semejantes cuando nuestro estado sea perfecto?
10. ¿Cuándo será nuestro estado exactamente igual a nuestra posición?

EL HOMBRE

1. ¿En qué se diferencia el hombre de todo lo demás que Dios había creado?
2. ¿Cómo sabemos que la teoría de la evolución no es la verdad?
3. ¿Por qué creó Dios al hombre?
4. ¿Qué mandamiento dio Dios al primer hombre y a la primera mujer?
5. ¿Cuál fue el primer pecado del hombre, y por qué era pecado?
6. ¿En qué forma murieron el hombre y la mujer cuando pecaron?
7. ¿Qué efecto tuvo la caída de Adán sobre sus descendientes?
8. ¿Tienen pecado en el corazón los niños pequeños? Y si es así, ¿por qué?
9. Cuente de la promesa de un Redentor que Dios hizo al hombre y la mujer en el huerto.
10. Cuente de los convenios o pactos que Dios hizo con Adán y con el Señor Jesucristo.

DIOS PRUEBA AL HOMBRE

1. ¿Qué es una era o dispensación?
2. ¿Cree Ud. que Dios cambia?
3. ¿Cuál es la manera de ser salvado en cada era o dispensación?
4. ¿Por qué ha dado Dios siete pruebas al hombre?
5. Enumere las siete pruebas en su orden.
6. Diga la historia de una de las pruebas.
7. ¿Ha salido aprobado el hombre en alguna de las pruebas pasadas? Si es así, ¿en cuáles?
8. ¿Saldrá aprobado el hombre en la prueba del Reino Milenial?
9. ¿Cuál será el juicio al final de la prueba en que nos encontramos actualmente? ¿Cuál fue el juicio al final de la prueba de la conciencia?
10. ¿Cuál era la manera de ser salvo en la prueba de la ley?

Made in the USA
Middletown, DE
02 March 2023

25894224R00113